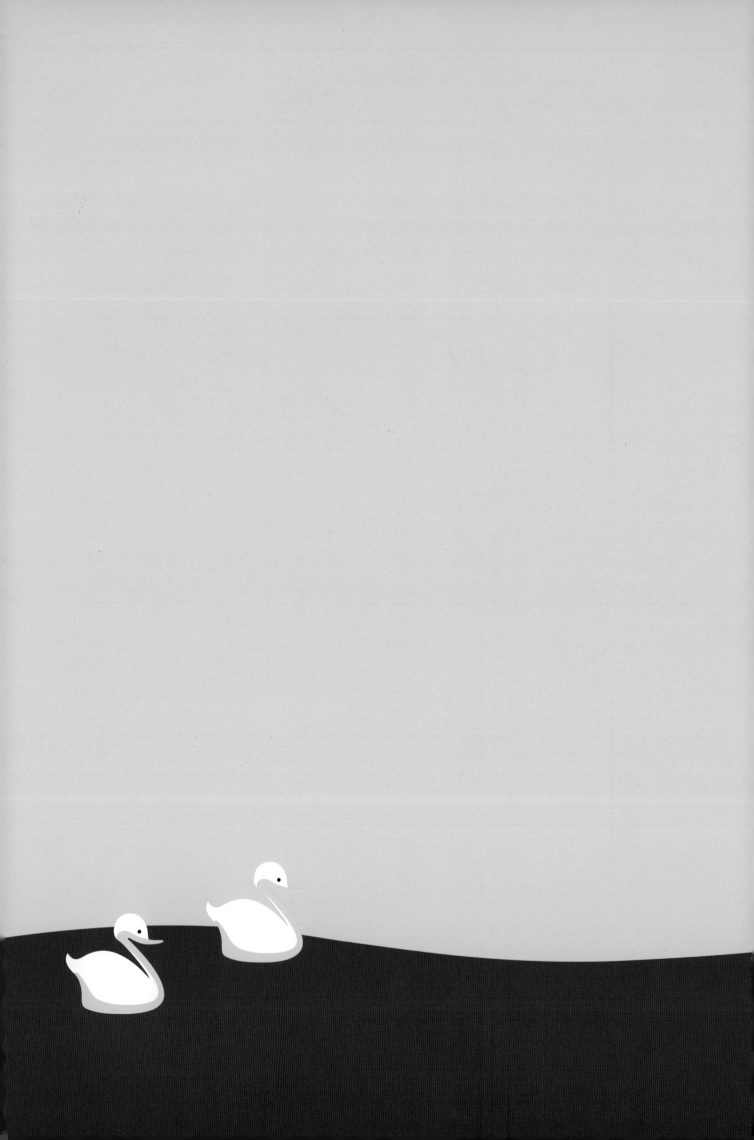

부수박사

魚
山 皮
足

부수박사

저자

강태립(姜泰立)
- 원광대 중어중문학과 졸업
- 공주대학교 교육대학원 중국어전공 교육학 석사
- 전문 한자지도자 연수 강사
- 한국 한자급수검정회 이사
- 한국 한문교육연구원 경기도 본부장
- 다중지능연구소 일산센터장
- 웅산서당 훈장

감수

강태권(康泰權)
- 전) 국민대 중어중문학과 교수

조수현(曹首鉉)
- 전) 원광대 서예과 교수

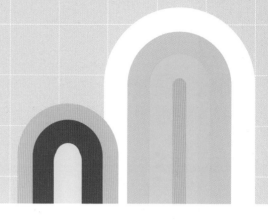

이 책의 구성 및 특징

■ 서당 현장 교육을 통하여 학생들에게 가장 좋은 반응을 토대로 내용을 구성하였습니다.

■ 암기 위주가 아닌 스스로 공부할 수 있도록 구성하였습니다.

■ 갑골문(甲骨文)이나 금문(金文) 위주로 그림을 그리고 설명하여 글자의 시각적 전달에 힘썼습니다.

■ 글씨의 변천 과정을 한문 변천 과정 순서인 갑골문, 금문, 소전 순으로 엮었습니다.

■ 학생 스스로가 부수를 익힐 수 있는 칸을 마련하여 직접 써봄으로써 각 글자의 이미지를

  확실하게 알 수 있도록 하였습니다.

■ 마지막 부분에 부수 암기 여부를 확인할 수 있는 칸과 부수의 뜻과 활용 글자 등을 정리하였습니다.

■ 아직 정설이 정해지지 않았거나, 고문이 없는 부수는 학습자의 이해를 위해 저자 임의로 그렸습니다.

차 례

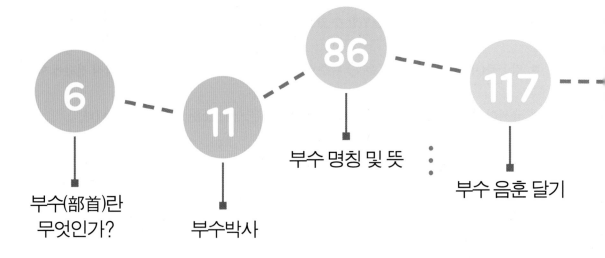

6
부수(部首)란
무엇인가?

11
부수박사

86
부수 명칭 및 뜻

117
부수 음훈 달기

부수박사

133

부수 쓰기

부록

150 한자(漢字)의 3요소 / 육서(六書) / 육서의 원리 / 서체 변천

152 한자어(漢字語)의 짜임

153 한자의 필순(筆順)

154 부수의 위치와 명칭 / 기본 부수와 변형된 부수

156 부수를 알기 어려운 한자

159 한자 더 알기−우리 나라 주요 도시 명칭

160 참고 문헌

부수(部首)란
무엇인가?

콩!
콩!
콩!

아이구! 이게 무슨
소리야? 집 무너지
는거 아냐?

석봉아!
뭐하고 있니?

아무리 외워도
역시 한자는
어려워!

바보
판석봉

아뜨 서당의
수제자 한음이

모르는 말씀!
한자만큼 쉬운
공부가 없는데?

무슨 비법
이라도···?

잉?

아무 생각 없이 외우는 방법은
유아기적 방법! 사물을
이해할 수 있는
나이부터는 원리
를 알아야지!

끄으응

뻐둥
뻐둥

한자를 외우는데
무슨 원리?

우선 部(부)는, 모여 있는 단위로 관공서의 교육부, 노동부, 행정부, 외교부 등의 部와 같이 쓰이며,

首(수)는, 머리라는 뜻을 지녔지만 우리 나라에서는 우두머리나 대장이란 뜻으로 쓰이는 글자지! 즉 부수란 같은 종류의 글자가 모여 있는 것 중에서 맨 처음 나오는 글자로 '대장 글자'라고 할 수 있단다!

부수는 중국 청나라 4대 황제 강희제가 황제가 된 뒤 한자가 너무 체계가 없어 배우고 익히기 어렵다고 느껴, 30여 명의 학자들을 모아 5년에 걸쳐 214개의 부수를 만들어 약 4만 7천자의 한자 체계를 잡아 강희 자전을 만들어 냈는데, 이때 처음 부수라는 말이 생겼지.

아~ 그래서 한자 사전에서 글자를 찾을때 부수가 무언가를 먼저 찾는구나?

그렇지! 부수를 알면 글자를 쉽게 찾을 수 있지!

또 부수는 위치에 따라 명칭이 달라지는데,

글자의 왼편이 부수면 '변'이라고 하고,
仙(신선 선-亻변 3획),
林(수풀 림-木변 4획)

글자의 오른쪽이 부수가 되면
'방'이라고 한단다.
功(공공-力방 3획),
判(판단할 판-刀방 5획)

글자 위가 부수면 머리
草(풀 초-艹머리 6획),
冠(갓 관-冖머리 7획)

아래가 부수면 발,
思(생각 사-心발 5획),
烈(매울 렬-灬발 6획)

위와 왼편이 부수면 엄,
病(병 병-疒엄 5획),
序(차례 서-广엄 4획)

왼쪽과 아래가 부수면 받침,
遠(멀 원-辶받침 10획),
延(끌 연-廴받침 4획)

그렇지!

잉? 저러다
1등 하는거애켜

· · ·

스-윽

글자를 둘러싸고 있으면 몸,
國(나라 국-口 몸8획),
開(열 개-門 몸4획)

글자 전체가 부수인 글자, 즉 제부수인 한자에는
日(날 일), 大(큰 대) 등이 있지.

쉭!

쉭!

난 날 일자야. 고독을 좋아하지.
나 혼자도 충분하거든.

또한 부수와 부수가 만나 새로운
글자를 만들기도 한단다. 그래서 처음
한자를 공부하는 사람이 부수를 알지
못하면 한자 외우기가 힘들게 되는
거란다.

그래서 부수를 알면
한자 박사가 될 수 있는 거야!

어허 이놈들!

꺄울!

부수박사

한 일

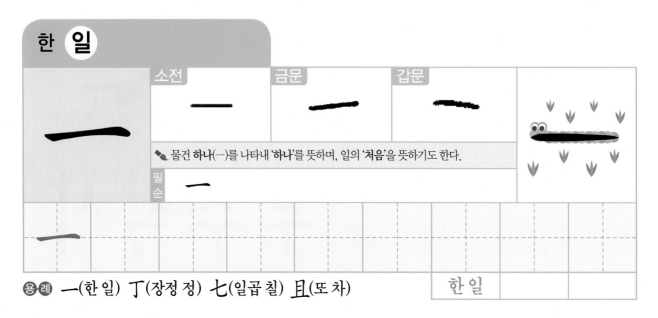

	소전	금문	갑문
	─	─	─

🖌 물건 하나(─)를 나타내 '하나'를 뜻하며, 일의 '처음'을 뜻하기도 한다.

필순

용례 一(한 일) 丁(장정 정) 七(일곱 칠) 且(또 차)

한 일

뚫을 곤

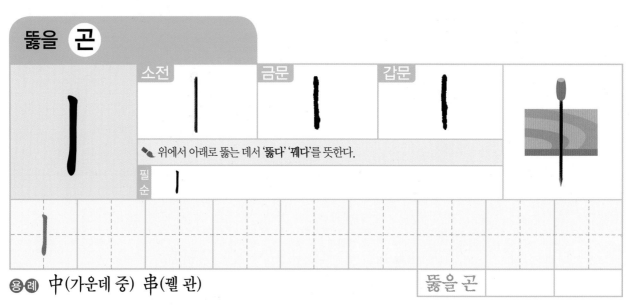

	소전	금문	갑문
	│	│	│

🖌 위에서 아래로 뚫는 데서 '뚫다' '꿰다'를 뜻한다.

필순

용례 中(가운데 중) 串(꿸 관)

뚫을 곤

불똥/점 주

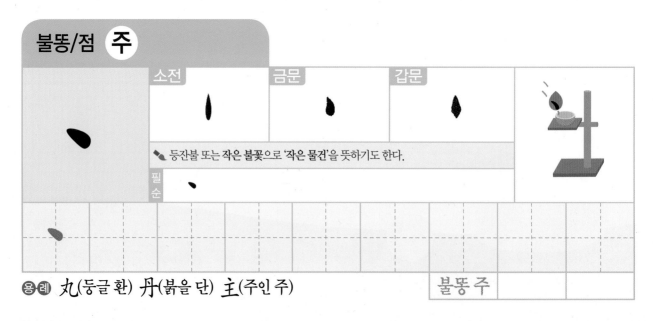

	소전	금문	갑문
	◗	◖	◗

🖌 등잔불 또는 작은 불꽃으로 '작은 물건'을 뜻하기도 한다.

필순

용례 丸(둥글 환) 丹(붉을 단) 主(주인 주)

불똥 주

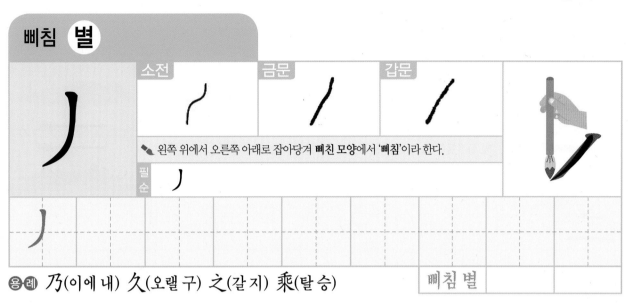

삐침 별

🖋 왼쪽 위에서 오른쪽 아래로 잡아당겨 **삐친 모양**에서 '**삐침**'이라 한다.

용례 乃(이에 내) 久(오랠 구) 之(갈 지) 乘(탈 승)

삐침 별

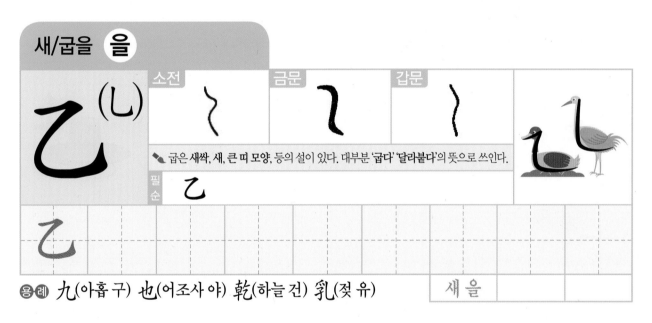

새/굽을 을

🖋 굽은 새싹, 새, 큰 띠 모양, 등의 설이 있다. 대부분 '**굽다**' '**달라붙다**'의 뜻으로 쓰인다.

용례 九(아홉 구) 也(어조사 야) 乾(하늘 건) 乳(젖 유)

새 을

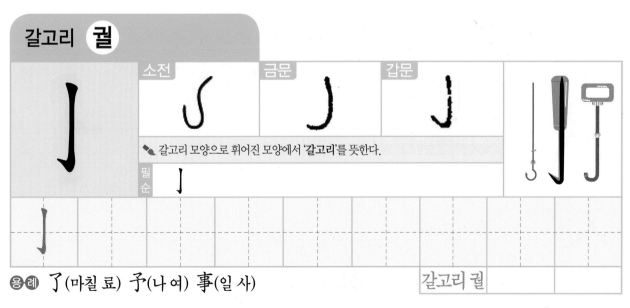

갈고리 궐

🖋 갈고리 모양으로 휘어진 모양에서 '**갈고리**'를 뜻한다.

용례 了(마칠 료) 予(나 여) 事(일 사)

갈고리 궐

두 이

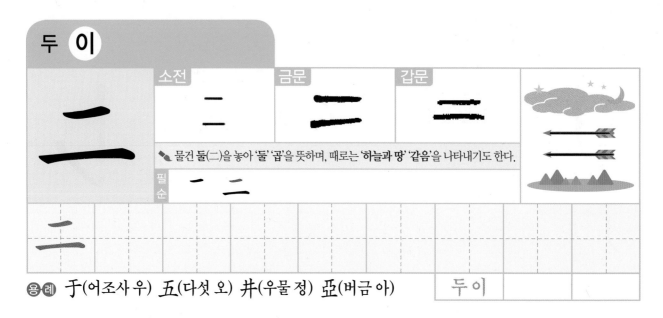

	소전	금문	갑문	
二	二	二	二	

✎ 물건 둘(二)을 놓아 '둘' '곱'을 뜻하며, 때로는 '하늘과 땅' '같음'을 나타내기도 한다.

필순 一 二

용례 于(어조사 우) 五(다섯 오) 井(우물 정) 亞(버금 아)   두이

돼지해머리/높을 두

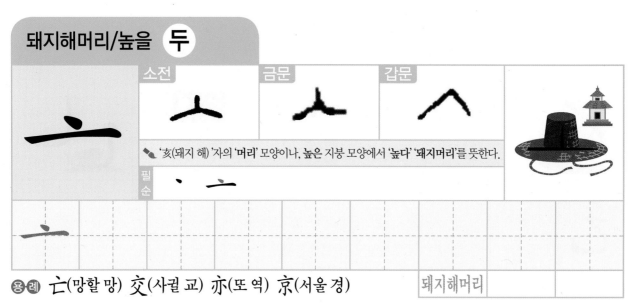

	소전	금문	갑문	
亠	ㅗ	ㅗ	ㅅ	

✎ '亥(돼지 해)'자의 '머리' 모양이나, 높은 지붕 모양에서 '높다' '돼지머리'를 뜻한다.

필순 ㆍ 亠

용례 亡(망할 망) 交(사귈 교) 亦(또 역) 京(서울 경)   돼지해머리

사람 인

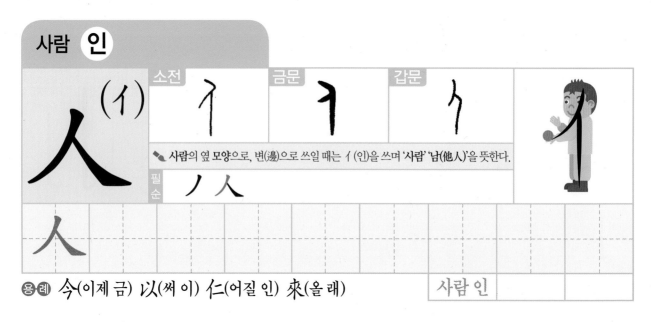

	소전	금문	갑문	
人 (亻)	亻	亻	亻	

✎ 사람의 옆 모양으로, 변(邊)으로 쓰일 때는 亻(인)을 쓰며 '사람' '남(他人)'을 뜻한다.

필순 丿 人

용례 今(이제 금) 以(써 이) 仁(어질 인) 來(올 래)   사람 인

걷는 사람/어진 사람 **인**

	소전	금문	갑문	
儿				

✎ 걷는 모양에서 '**걷는 사람**'이라 한다. '人(사람 인)'을 아래에 쓸 때 모양이다.

필순: 丿 儿

용례 元(으뜸 원) 兄(형 형) 光(빛 광) 先(먼저 선) 兒(아이 아)   걷는 사람 인

들 **입**

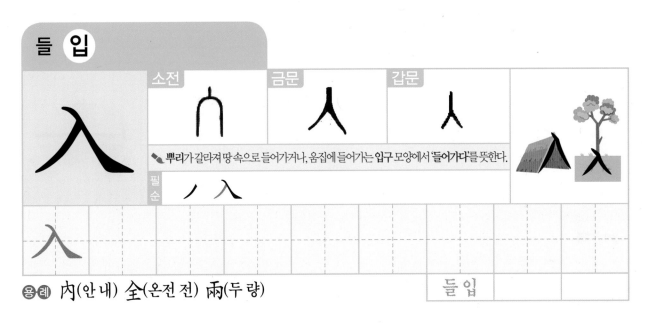

	소전	금문	갑문	
入				

✎ 뿌리가 갈라져 땅속으로 들어가거나, 움집에 들어가는 **입구** 모양에서 '**들어가다**'를 뜻한다.

필순: 丿 入

용례 內(안 내) 全(온전 전) 兩(두 량)   들 입

여덟/나눌 **팔**

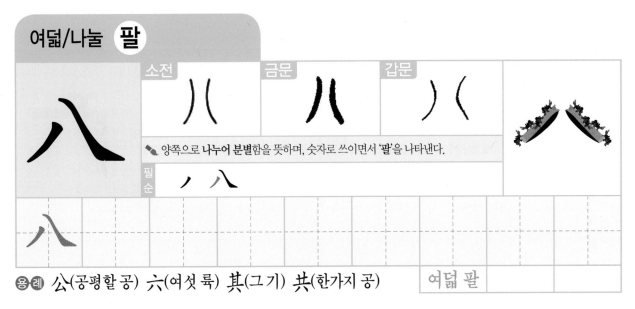

	소전	금문	갑문	
八				

✎ 양쪽으로 **나누어 분별**함을 뜻하며, 숫자로 쓰이면서 '**팔**'을 나타낸다.

필순: 丿 八

용례 公(공평할 공) 六(여섯 륙) 其(그 기) 共(한가지 공)   여덟 팔

15

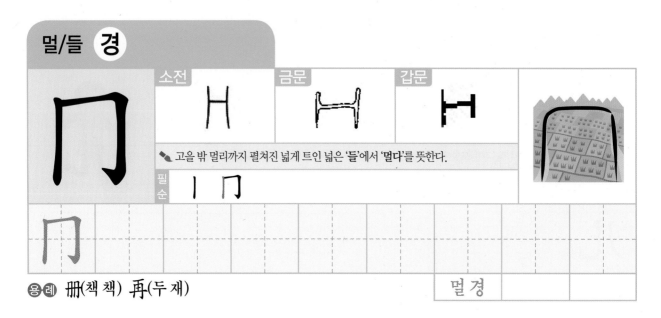

멀/들 경

소전 | 금문 | 갑문

🖌 고을 밖 멀리까지 펼쳐진 넓게 트인 넓은 '들'에서 '멀다'를 뜻한다.

필순 ㅣ 冂

용례 册(책 책) 再(두 재)

멀 경

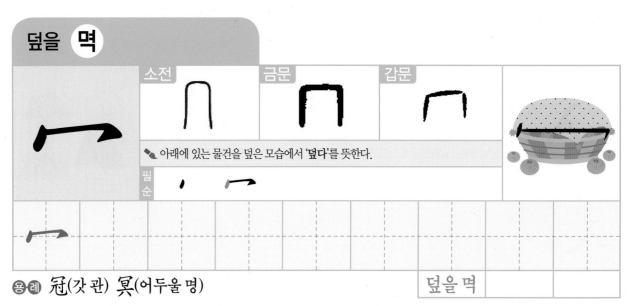

덮을 멱

소전 | 금문 | 갑문

🖌 아래에 있는 물건을 덮은 모습에서 '덮다'를 뜻한다.

필순

용례 冠(갓 관) 冥(어두울 명)

덮을 멱

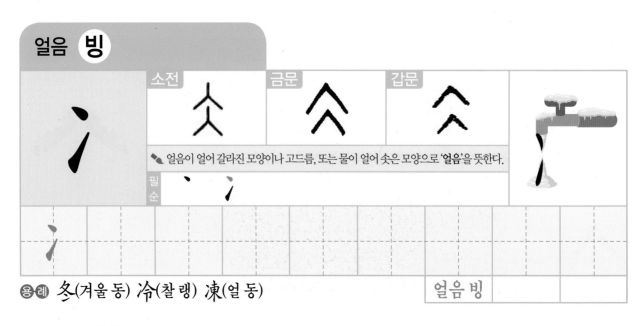

얼음 빙

소전 | 금문 | 갑문

🖌 얼음이 얼어 갈라진 모양이나 고드름, 또는 물이 얼어 솟은 모양으로 '얼음'을 뜻한다.

필순 丶 冫

용례 冬(겨울 동) 冷(찰 랭) 凍(얼 동)

얼음 빙

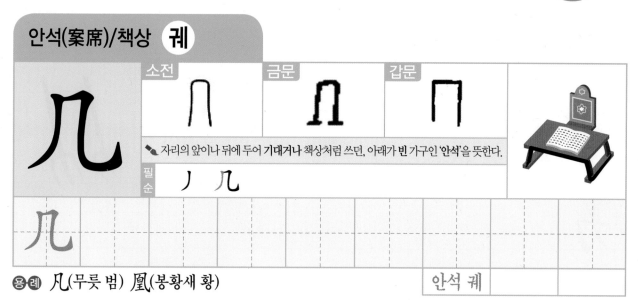

안석(案席)/책상 **궤**

소전	금문	갑문
几	几	几

✎ 자리의 앞이나 뒤에 두어 **기대거나** 책상처럼 쓰던, 아래가 **빈** 가구인 '안석'을 뜻한다.

필순: 丿 几

几

안석 궤

용례 凡(무릇 범) 凰(봉황새 황)

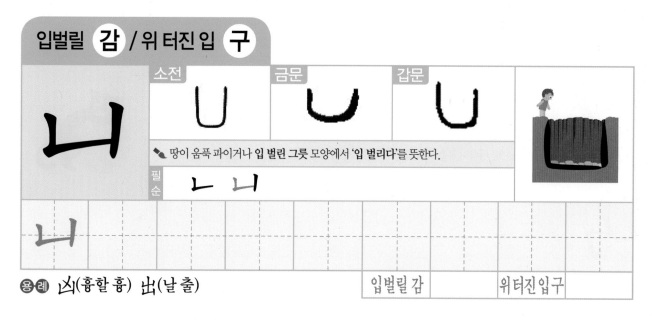

입벌릴 **감** / 위 터진입 **구**

소전	금문	갑문
凵	凵	凵

✎ 땅이 움푹 파이거나 **입 벌린** 그릇 모양에서 '입 벌리다'를 뜻한다.

필순: 凵 凵

凵

입벌릴 감　　위 터진입구

용례 凶(흉할 흉) 出(날 출)

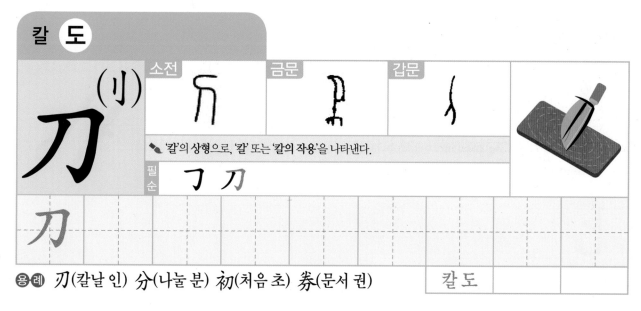

칼 **도**

刀(刂)

소전	금문	갑문
刀	刀	刀

✎ '칼'의 상형으로, '칼' 또는 '칼의 작용'을 나타낸다.

필순: フ 刀

刀

칼 도

용례 刃(칼날 인) 分(나눌 분) 初(처음 초) 券(문서 권)

17

힘 력

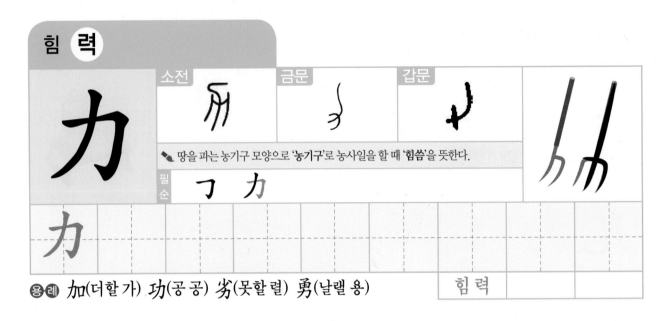

소전	금문	갑문

力

✎ 땅을 파는 농기구 모양으로 '농기구'로 농사일을 할 때 '힘씀'을 뜻한다.

필순: フ 力

용례 加(더할 가) 功(공 공) 劣(못할 렬) 勇(날랠 용)

힘 력

쌀/감쌀 포

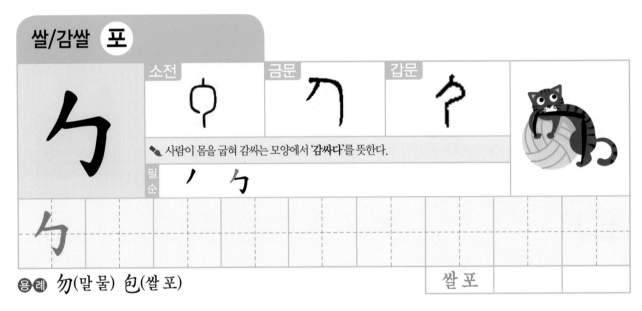

소전	금문	갑문

勹

✎ 사람이 몸을 굽혀 감싸는 모양에서 '감싸다'를 뜻한다.

필순: 丿 勹

용례 勿(말 물) 包(쌀 포)

쌀 포

비수 비

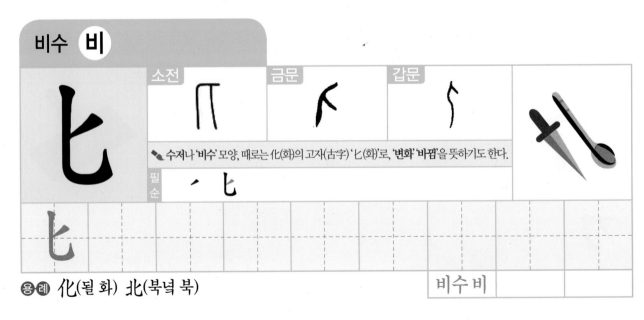

소전	금문	갑문

匕

✎ 수저나 '비수' 모양, 때로는 化(화)의 고자(古字) '匕(화)'로, '변화' '바뀜'을 뜻하기도 한다.

필순: ノ 匕

용례 化(될 화) 北(북녘 북)

비수비

상자 **방**

	소전	금문	갑문
ㄷ	ㄷ	ㅌ	ㅌ

✎ 물건을 담을 수 있는 사각형의 그릇 모양으로 '**상자**'를 뜻한다.

필순: ㄱ ㄷ

용례 匠(장인 장) 匣(갑 갑)

상자 방

감출 **혜**

	소전	금문	갑문
ㄷ	ㄷ	ㄷ	ㄴ

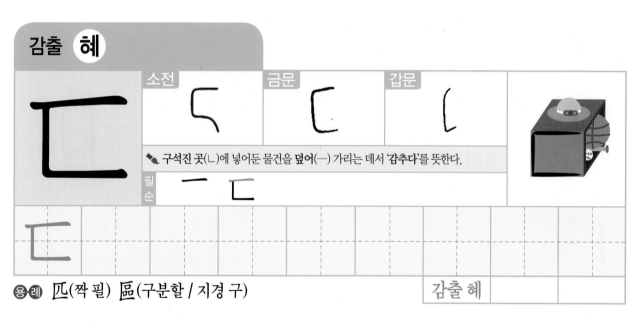

✎ 구석진 곳(ㄴ)에 넣어둔 물건을 덮어(一) 가리는 데서 '**감추다**'를 뜻한다.

필순: ㄱ ㄷ

용례 匹(짝 필) 區(구분할 / 지경 구)

감출 혜

열 **십**

	소전	금문	갑문
十	十	十	ㅣ

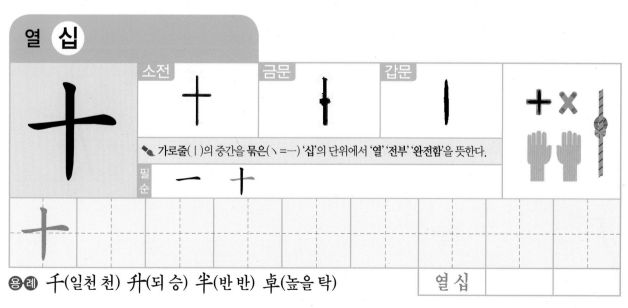

✎ 가로줄(ㅣ)의 중간을 묶은(ヽ =一) '십'의 단위에서 '**열**' '**전부**' '**완전함**'을 뜻한다.

필순: 一 十

용례 千(일천 천) 升(되 승) 半(반 반) 卓(높을 탁)

열 십

점/점칠 복

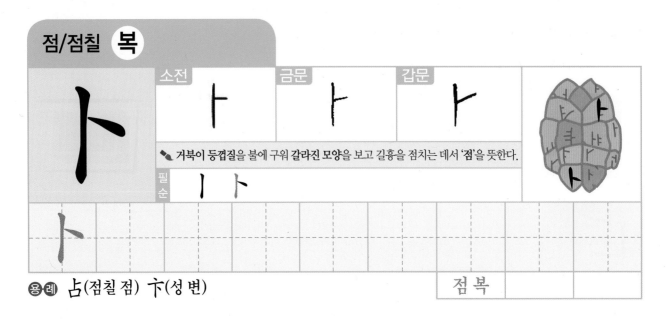

	소전	금문	갑문
卜	卜	卜	卜

✎ 거북이 등껍질을 불에 구워 갈라진 모양을 보고 길흉을 점치는 데서 '점'을 뜻한다.

필순: 丨 卜

용례 占(점칠 점) 卞(성 변)

점 복

굽을/병부 절

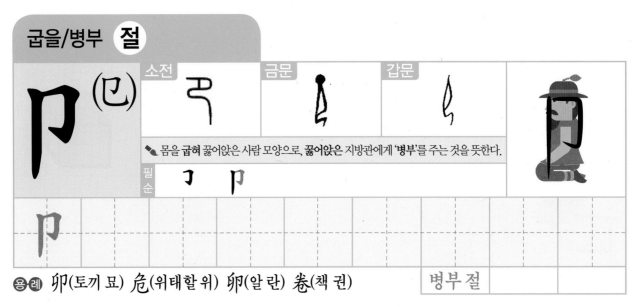

ㅁ (巳)

소전	금문	갑문

✎ 몸을 굽혀 꿇어앉은 사람 모양으로, 꿇어앉은 지방관에게 '병부'를 주는 것을 뜻한다.

필순: ㄱ ㅁ

용례 卯(토끼 묘) 危(위태할 위) 卵(알 란) 卷(책 권)

병부 절

언덕 엄 / 절벽 한

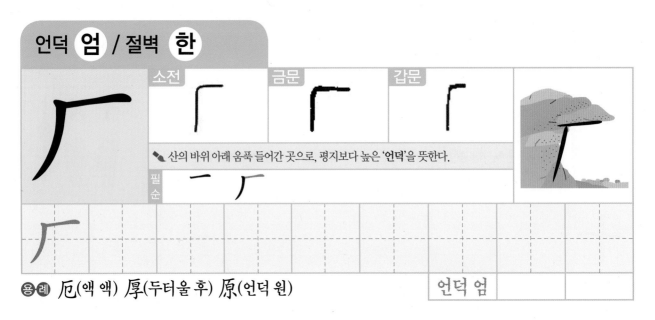

소전	금문	갑문
厂	厂	厂

✎ 산의 바위 아래 움푹 들어간 곳으로, 평지보다 높은 '언덕'을 뜻한다.

필순: 一 厂

용례 厄(액 액) 厚(두터울 후) 原(언덕 원)

언덕 엄

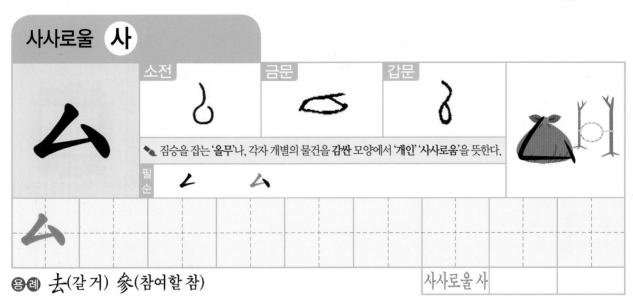

ㅿ

짐승을 잡는 '올무'나, 각자 개별의 물건을 감싼 모양에서 '개인' '사사로움'을 뜻한다.

필순 ㄥ ㅿ

용례 去(갈 거) 參(참여할 참)　　사사로울 사

또 우

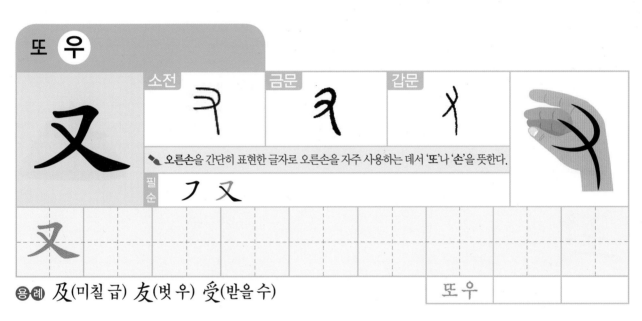

又

오른손을 간단히 표현한 글자로 오른손을 자주 사용하는 데서 '또'나 '손'을 뜻한다.

필순 ㄱ 又

용례 及(미칠 급) 友(벗 우) 受(받을 수)　　또 우

입 구

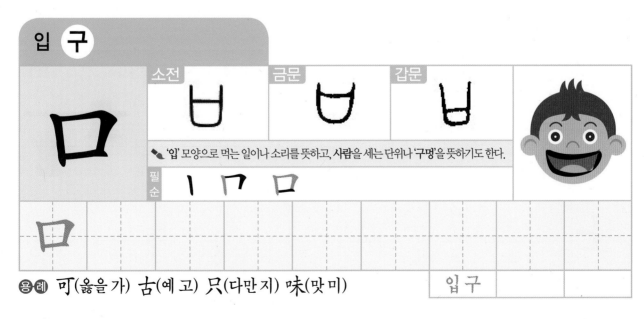

口

'입' 모양으로 먹는 일이나 소리를 뜻하고, 사람을 세는 단위나 '구멍'을 뜻하기도 한다.

필순 ㅣ ㄇ 口

용례 可(옳을 가) 古(예 고) 只(다만 지) 味(맛 미)　　입 구

에울 위

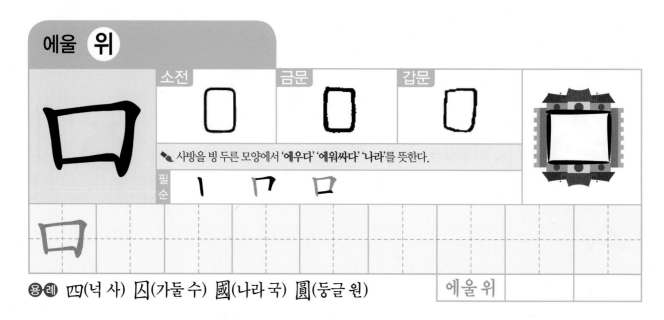

	소전	금문	갑문	
口	口	口	口	

✎ 사방을 빙 두른 모양에서 '에우다' '에워싸다' '나라'를 뜻한다.

필순: 丨 冂 口

| 口 | | | | | 에울 위 | |

용례 四(넉 사) 囚(가둘 수) 國(나라 국) 圓(둥글 원)

흙 토

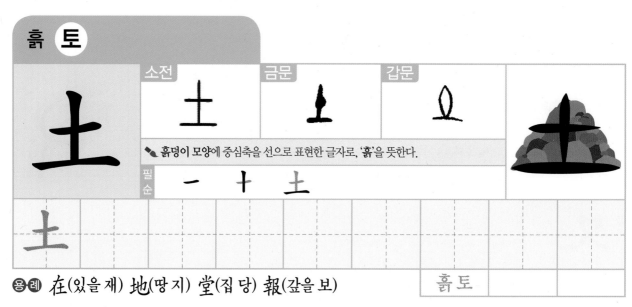

	소전	금문	갑문	
土	土	土	土	

✎ 흙덩이 모양에 중심축을 선으로 표현한 글자로, '흙'을 뜻한다.

필순: 一 十 土

| 土 | | | | | 흙 토 | |

용례 在(있을 재) 地(땅 지) 堂(집 당) 報(갚을 보)

선비 사

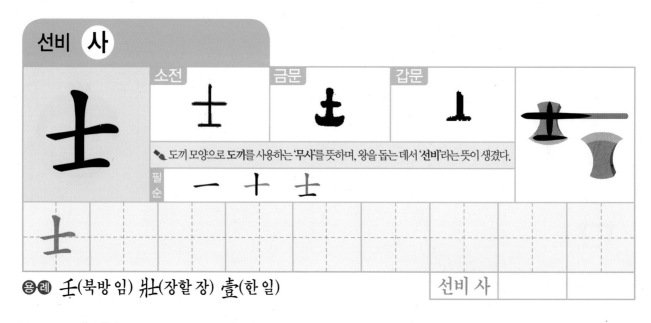

	소전	금문	갑문	
士	士	士	士	

✎ 도끼 모양으로 도끼를 사용하는 '무사'를 뜻하며, 왕을 돕는 데서 '선비'라는 뜻이 생겼다.

필순: 一 十 士

| 士 | | | | | 선비 사 | |

용례 壬(북방 임) 壯(장할 장) 壹(한 일)

뒤져올 **치**

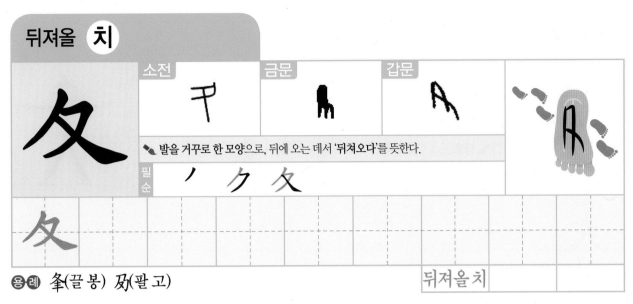

	소전	금문	갑문	
夂	주			

✏️ 발을 거꾸로 한 모양으로, 뒤에 오는 데서 '뒤쳐오다'를 뜻한다.

필순 ㇒ ㇇ 夂

뒤져올 치

용례 夆(끌 봉) 夃(팔 고)

천천히 걸을 **쇠**

	소전	금문	갑문	
夊				

✏️ 아래로 향한 발 모습으로, '천천히 걸음'을 뜻한다.

필순 ㇒ ㇇ 夊

천천히 걸을 쇠

용례 夏(여름 하) 夌(언덕 릉)

저녁 **석**

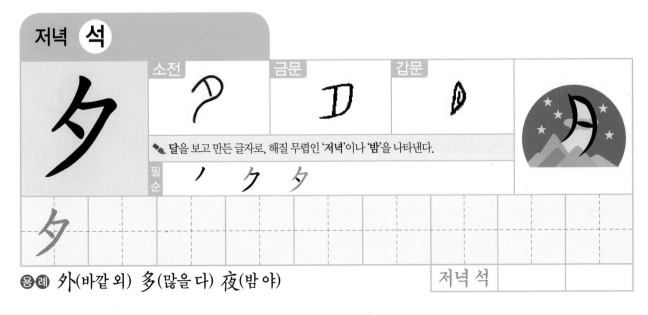

	소전	금문	갑문	
夕				

✏️ 달을 보고 만든 글자로, 해질 무렵인 '저녁'이나 '밤'을 나타낸다.

필순 ㇒ ㇇ 夕

저녁 석

용례 外(바깥 외) 多(많을 다) 夜(밤 야)

큰 대

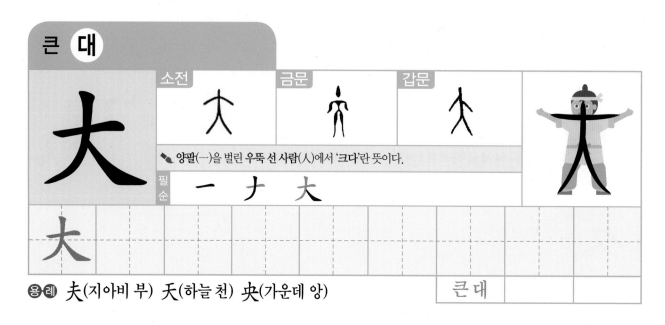

소전	금문	갑문	

大

✎ 양팔(一)을 벌린 우뚝 선 사람(人)에서 '크다'란 뜻이다.

필순: 一 ナ 大

용례 夫(지아비 부) 天(하늘 천) 央(가운데 앙)

큰 대

계집 녀

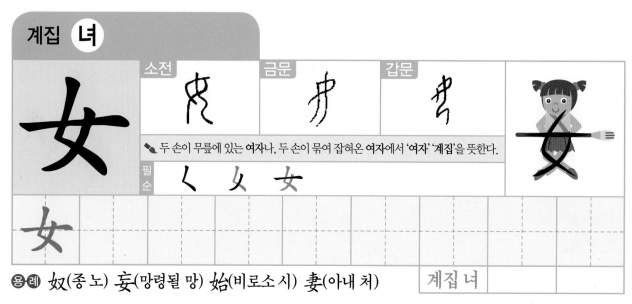

소전	금문	갑문	

女

✎ 두 손이 무릎에 있는 여자나, 두 손이 묶여 잡혀온 여자에서 '여자' '계집'을 뜻한다.

필순: ㄑ ㄑ 女

용례 奴(종 노) 妄(망령될 망) 始(비로소 시) 妻(아내 처)

계집 녀

아들 자

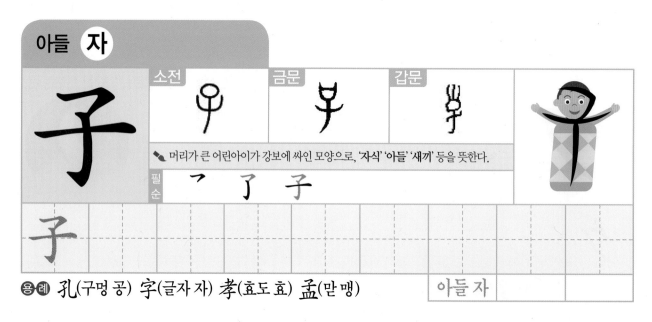

소전	금문	갑문	

子

✎ 머리가 큰 어린아이가 강보에 싸인 모양으로, '자식' '아들' '새끼' 등을 뜻한다.

필순: ㄱ 了 子

용례 孔(구멍 공) 字(글자 자) 孝(효도 효) 孟(맏 맹)

아들 자

집 면

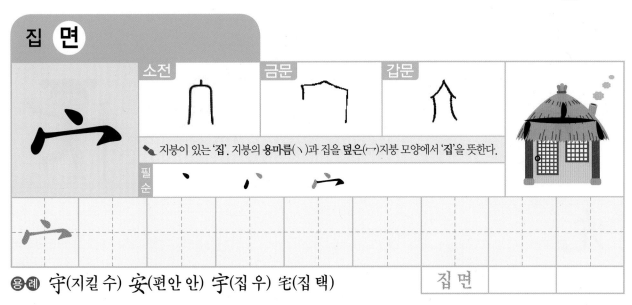

소전	금문	갑문	

✎ 지붕이 있는 '집'. 지붕의 용마름(ㆍ)과 집을 덮은(冖)지붕 모양에서 '집'을 뜻한다.

필순

용례 守(지킬 수) 安(편안 안) 宇(집 우) 宅(집 택)

집 면

마디 촌

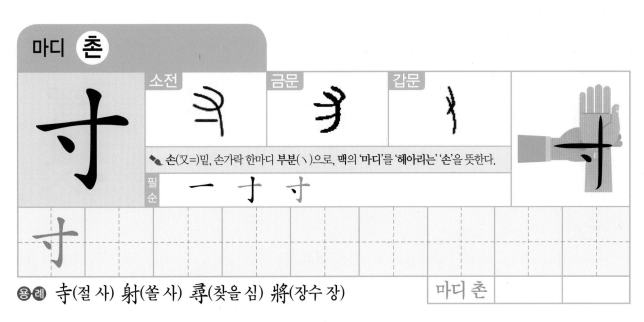

소전	금문	갑문	

✎ 손(又=彐)밑, 손가락 한마디 부분(ㆍ)으로, 맥의 '마디'를 '헤아리는' 손을 뜻한다.

필순 一 十 寸

용례 寺(절 사) 射(쏠 사) 尋(찾을 심) 將(장수 장)

마디 촌

작을 소

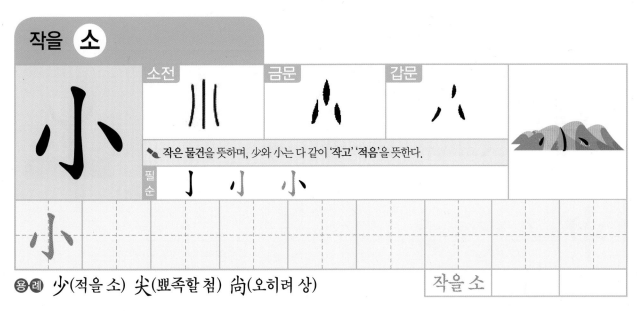

소전	금문	갑문	

✎ 작은 물건을 뜻하며, 少와 小는 다 같이 '작고' '적음'을 뜻한다.

필순 亅 小 小

용례 少(적을 소) 尖(뾰족할 첨) 尚(오히려 상)

작을 소

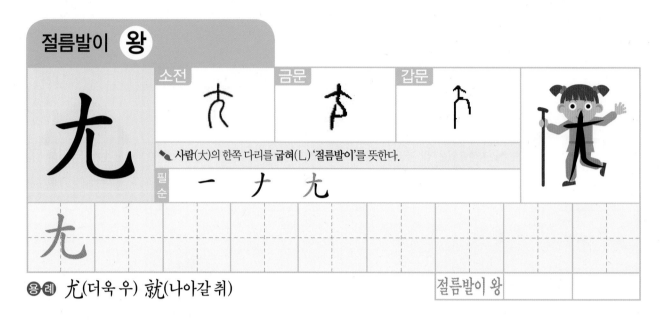

절름발이 **왕**

	소전	금문	갑문	

✎ 사람(大)의 한쪽 다리를 굽혀(乚) '**절름발이**'를 뜻한다.

필순: 一 ナ 尤

尢

용례 尤(더욱 우) 就(나아갈 취)

절름발이 왕

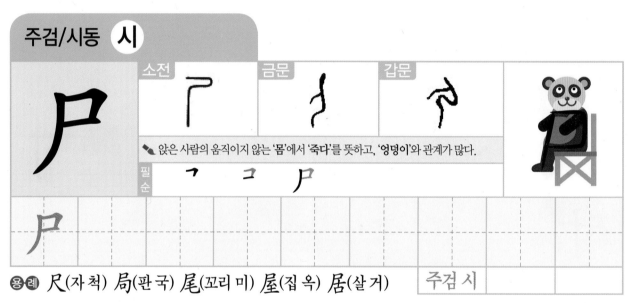

주검/시동 **시**

	소전	금문	갑문	

✎ 앉은 사람의 움직이지 않는 '**몸**'에서 '**죽다**'를 뜻하고, '**영뎡이**'와 관계가 많다.

필순: 𠃌 コ 尸

尸

용례 尺(자 척) 局(판 국) 尾(꼬리 미) 屋(집 옥) 居(살 거)

주검 시

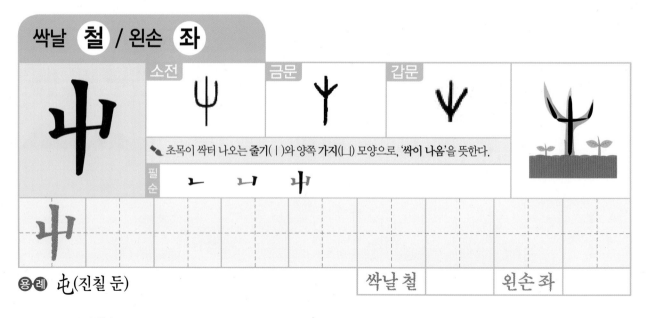

싹날 **철** / 왼손 **좌**

	소전	금문	갑문	

✎ 초목이 싹터 나오는 줄기(|)와 양쪽 가지(乚) 모양으로, '**싹이 나옴**'을 뜻한다.

필순: 乚 니 屮

屮

용례 屯(진칠 둔)

싹날 철 　 왼손 좌

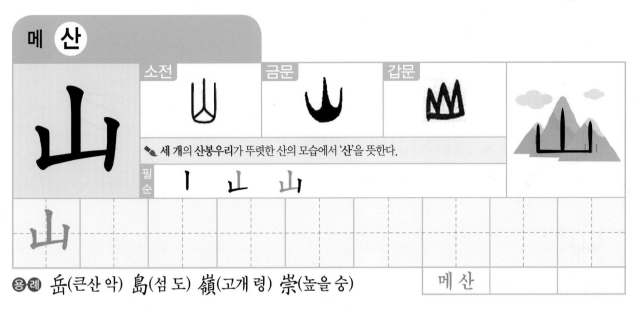

메 산

✎ 세 개의 산봉우리가 뚜렷한 산의 모습에서 '산'을 뜻한다.

필순: ㅣ ㅛ 山

山

용례 岳(큰산 악) 島(섬 도) 嶺(고개 령) 崇(높을 숭)

메 산

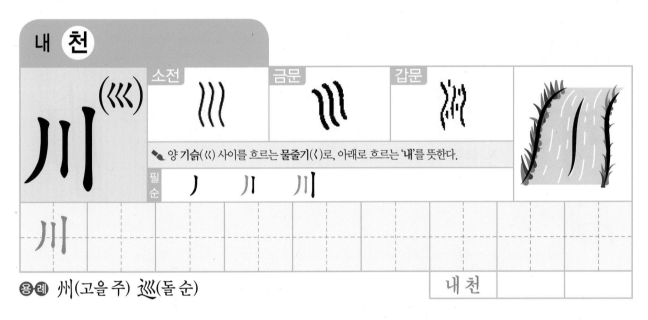

내 천

✎ 양 기슭(巛) 사이를 흐르는 물줄기(巜)로, 아래로 흐르는 '내'를 뜻한다.

필순: ノ ノ 川

川

용례 州(고을 주) 巡(돌 순)

내 천

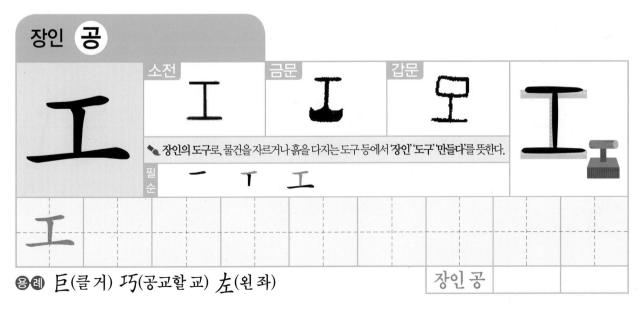

장인 공

✎ 장인의 도구로, 물건을 자르거나 흙을 다지는 도구 등에서 '장인' '도구' '만들다'를 뜻한다.

필순: 一 丁 工

工

용례 巨(클 거) 巧(공교할 교) 左(왼 좌)

장인 공

27

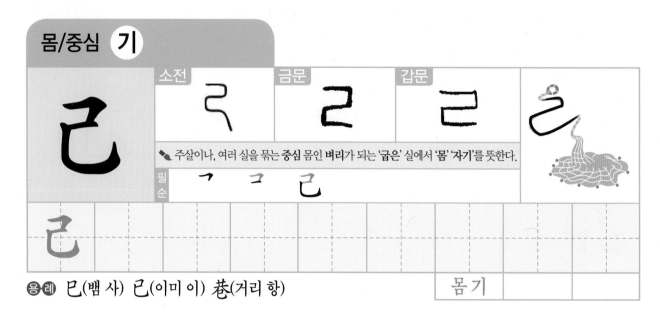

몸/중심 기

	소전	금문	갑문	
己	己	己	己	

✏️ 주살이나, 여러 실을 묶는 중심 몸인 벼리가 되는 '굽은' 실에서 '몸' '자기'를 뜻한다.

필순 己 コ 己

| 己 | | | | | | | | 몸 기 | |

용례 巳(뱀 사) 已(이미 이) 巷(거리 항)

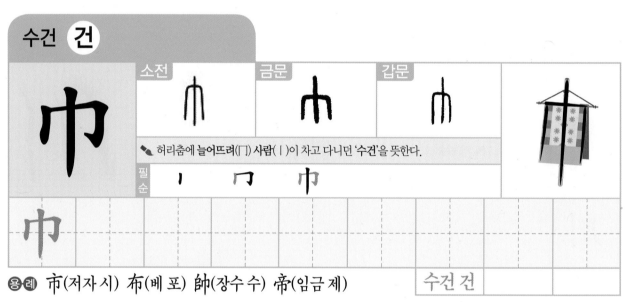

수건 건

	소전	금문	갑문	
巾	巾	巾	巾	

✏️ 허리춤에 늘어뜨려(冂) 사람(丨)이 차고 다니던 '수건'을 뜻한다.

필순 丨 冂 巾

| 巾 | | | | | | | | 수건 건 | |

용례 市(저자 시) 布(베 포) 帥(장수 수) 帝(임금 제)

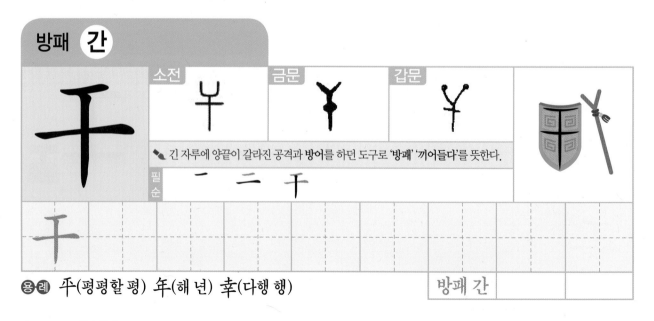

방패 간

	소전	금문	갑문	
干	干	干	干	

✏️ 긴 자루에 양끝이 갈라진 공격과 방어를 하던 도구로 '방패' '끼어들다'를 뜻한다.

필순 一 二 干

| 干 | | | | | | | | 방패 간 | |

용례 平(평평할 평) 年(해 년) 幸(다행 행)

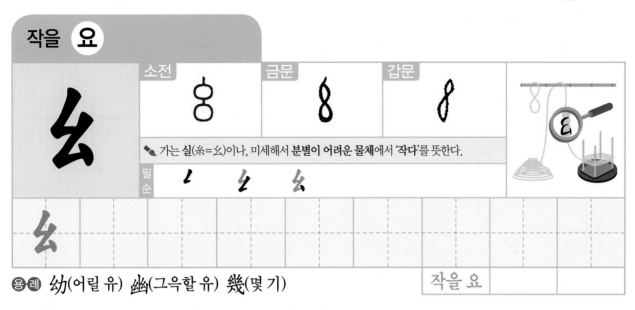

작을 요

소전	금문	갑문

✏ 가는 실(糸=幺)이나, 미세해서 **분별이 어려운 물체**에서 '**작다**'를 뜻한다.

필순 ㄥ ㄠ 幺

幺

⊙용례 幼(어릴 유) 幽(그윽할 유) 幾(몇 기)

작을 요

집/곳집 엄

소전	금문	갑문
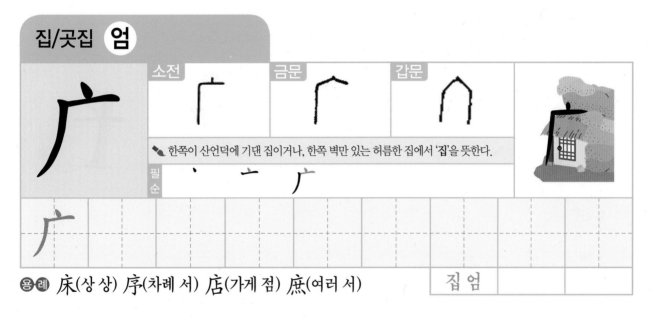		

✏ 한쪽이 산언덕에 기댄 집이거나, 한쪽 벽만 있는 허름한 집에서 '**집**'을 뜻한다.

필순 丶 亠 广

广

⊙용례 床(상 상) 序(차례 서) 店(가게 점) 庶(여러 서)

집 엄

길게걸을 인

소전	금문	갑문
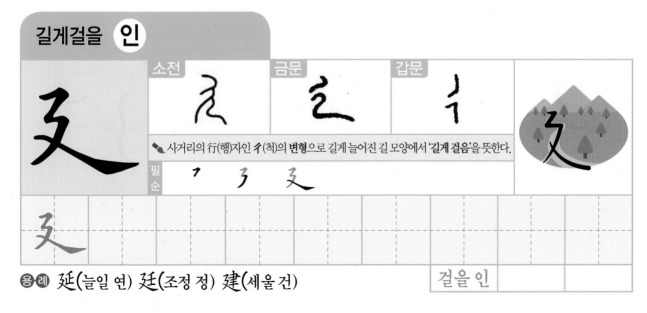		

✏ 사거리의 行(행)자인 彳(척)의 **변형**으로 길게 늘어진 길 모양에서 '**길게 걸음**'을 뜻한다.

필순 ㄋ ㄋ 廴

廴

⊙용례 延(늘일 연) 廷(조정 정) 建(세울 건)

걸을 인

두손/들 공

	소전	금문	갑문	
廾				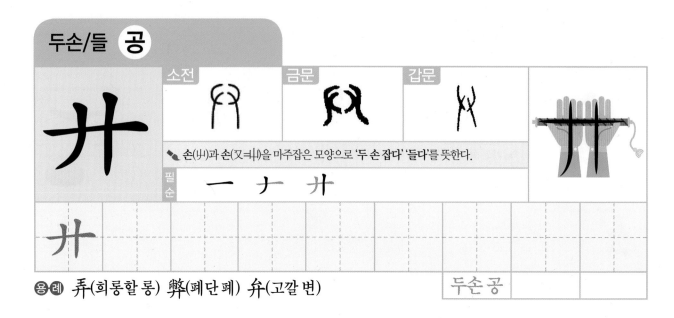

✎ 손(屮)과 손(又=屮)을 마주잡은 모양으로 '두 손 잡다' '들다'를 뜻한다.

필순	一	ナ	廾

廾						두손공	

용례 弄(희롱할 롱) 弊(폐단 폐) 弁(고깔 변)

주살 익

	소전	금문	갑문	
弋				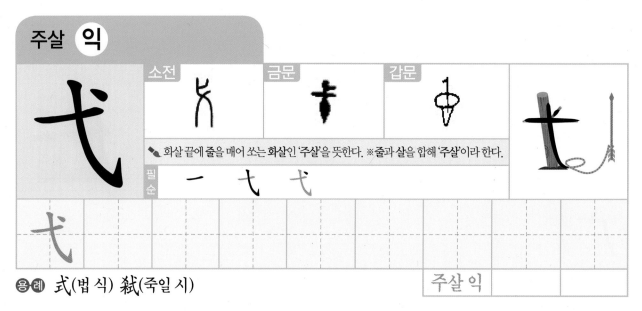

✎ 화살 끝에 줄을 매어 쏘는 화살인 '주살'을 뜻한다. ※줄과 살을 합해 '주살'이라 한다.

필순	一	弋	弋

弋						주살익	

용례 式(법 식) 弑(죽일 시)

활 궁

	소전	금문	갑문	
弓				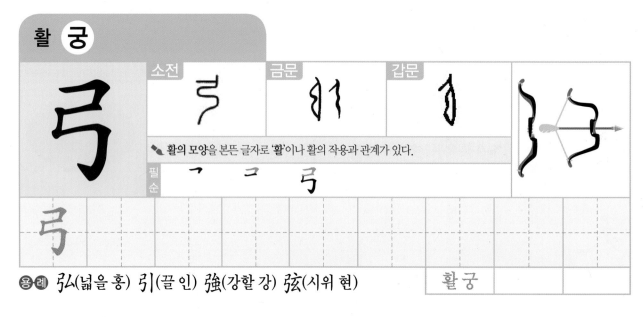

✎ 활의 모양을 본뜬 글자로 '활'이나 활의 작용과 관계가 있다.

필순	フ	コ	弓

弓						활궁	

용례 弘(넓을 홍) 引(끌 인) 強(강할 강) 弦(시위 현)

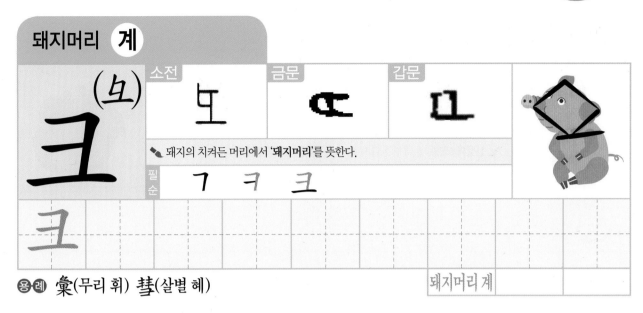

돼지머리 계

	소전	금문	갑문	
(됴) ㅋ	ㅌ	ㄷ	ㄷ	

✎ 돼지의 치켜든 머리에서 '돼지머리'를 뜻한다.

필순 ㄱ ㅋ ㅋ

ㅋ

용례 彙(무리 휘) 彗(살별 혜)

돼지머리 계

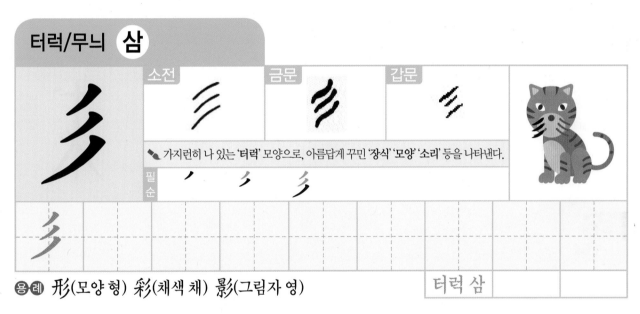

터럭/무늬 삼

	소전	금문	갑문	
彡	彡	彡	彡	

✎ 가지런히 나 있는 '터럭' 모양으로, 아름답게 꾸민 '장식' '모양' '소리' 등을 나타낸다.

필순 ′ ′′ 彡

彡

용례 形(모양 형) 彩(채색 채) 影(그림자 영)

터럭 삼

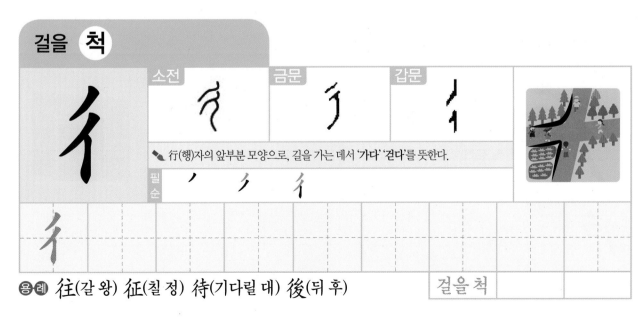

걸을 척

	소전	금문	갑문	
彳	彳	彳	彳	

✎ 行(행)자의 앞부분 모양으로, 길을 가는 데서 '가다' '걷다'를 뜻한다.

필순 ′ ′′ 彳

彳

용례 往(갈 왕) 征(칠 정) 待(기다릴 대) 後(뒤 후)

걸을 척

마음 심

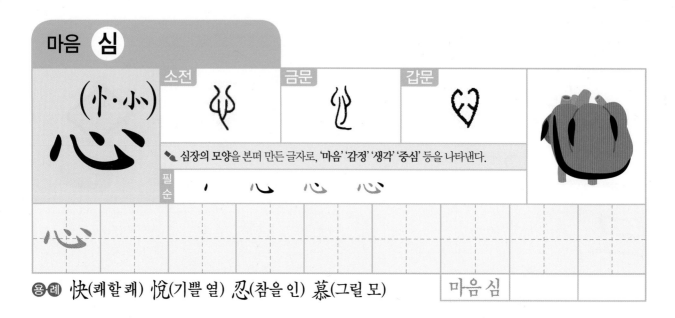

	소전	금문	갑문	
心 (忄·小)				

✎ 심장의 모양을 본떠 만든 글자로, '마음' '감정' '생각' '중심' 등을 나타낸다.

필순: ` ｲ 心 心 心`

心

용례 快(쾌할 쾌) 悅(기쁠 열) 忍(참을 인) 慕(그릴 모)　　마음 심

창 과

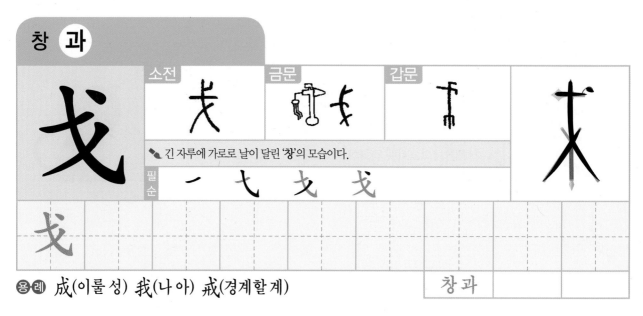

	소전	금문	갑문	
戈				

✎ 긴 자루에 가로로 날이 달린 '창'의 모습이다.

필순: `一 弋 戈 戈`

戈

용례 成(이룰 성) 我(나 아) 戒(경계할 계)　　창 과

외짝문/집 호

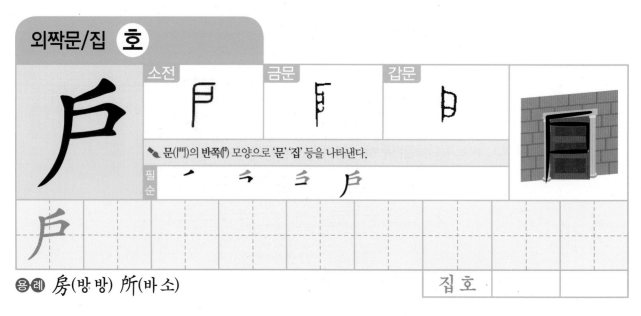

	소전	금문	갑문	
戶				

✎ 문(門)의 반쪽(户) 모양으로 '문' '집' 등을 나타낸다.

필순: `丶 亠 弓 戶 戶`

戶

용례 房(방 방) 所(바 소)　　집 호

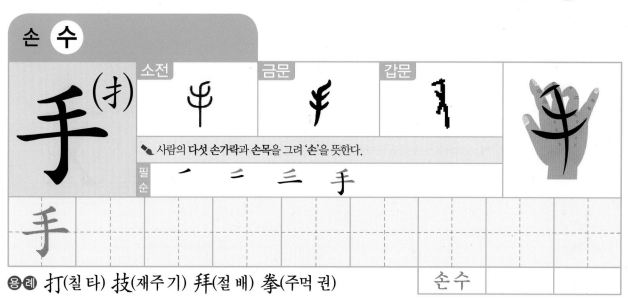

손 수

手(扌)

소전

금문

갑문

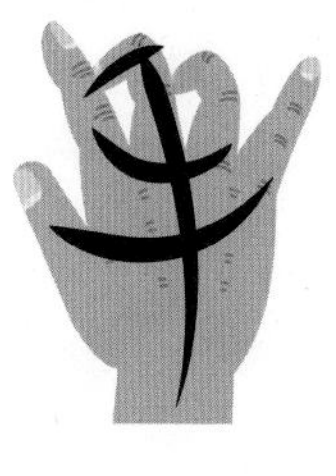

사람의 **다섯 손가락**과 **손목**을 그려 **'손'**을 뜻한다.

필순: 一 二 三 手

手

용례 打(칠 타) 技(재주 기) 拜(절 배) 拳(주먹 권)

손 수

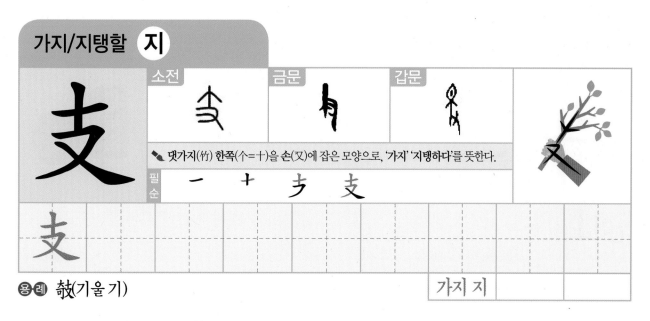

가지/지탱할 지

支

소전

금문

갑문

댓가지(竹) **한쪽**(个=十)을 **손**(又)에 잡은 모양으로, **'가지' '지탱하다'**를 뜻한다.

필순: 一 十 支

支

용례 攲(기울 기)

가지 지

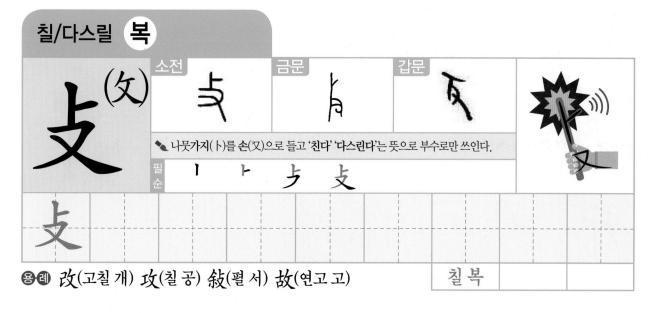

칠/다스릴 복

攴(攵)

소전

금문

갑문

나뭇가지(卜)를 손(又)으로 들고 **'친다' '다스린다'**는 뜻으로 부수로만 쓰인다.

필순: 丨 ⺊ 攴

攴

용례 改(고칠 개) 攻(칠 공) 敍(펼 서) 故(연고 고)

칠 복

글월/무늬 문

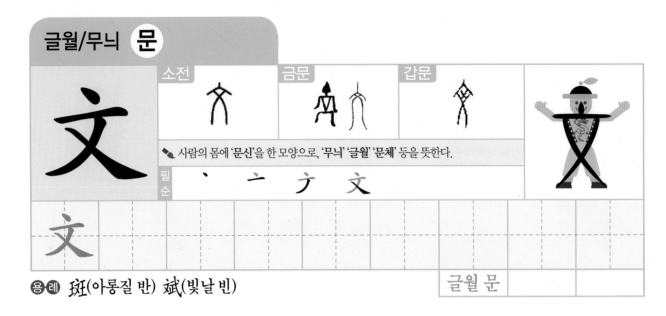

文

	소전	금문	갑문

🖋 사람의 몸에 '문신'을 한 모양으로, '무늬' '글월' '문체' 등을 뜻한다.

필순: 丶 一 亠 文

용례 斑(아롱질 반) 斌(빛날 빈)

글월 문

말/구기 두

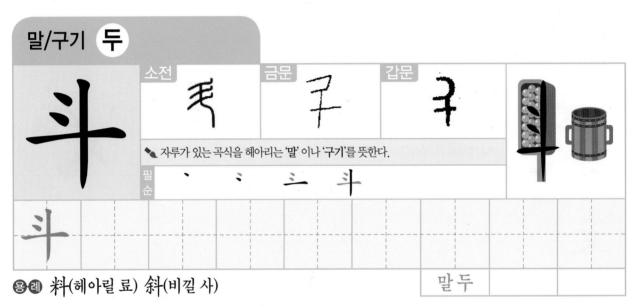

斗

	소전	금문	갑문

🖋 자루가 있는 곡식을 헤아리는 '말' 이나 '구기'를 뜻한다.

필순: 丶 丶 二 斗

용례 料(헤아릴 료) 斜(비낄 사)

말 두

도끼/날 근

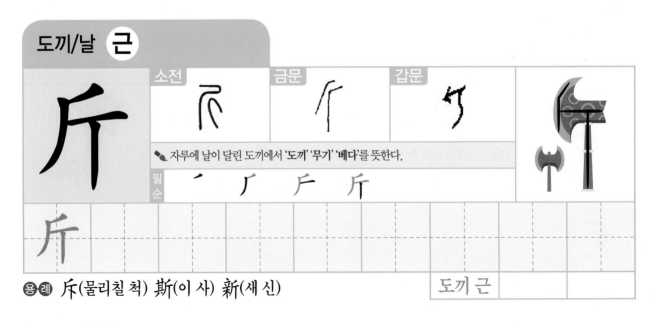

斤

	소전	금문	갑문

🖋 자루에 날이 달린 도끼에서 '도끼' '무기' '베다'를 뜻한다.

필순: 丶 丆 斤 斤

용례 斥(물리칠 척) 斯(이 사) 新(새 신)

도끼 근

모/이방인 방

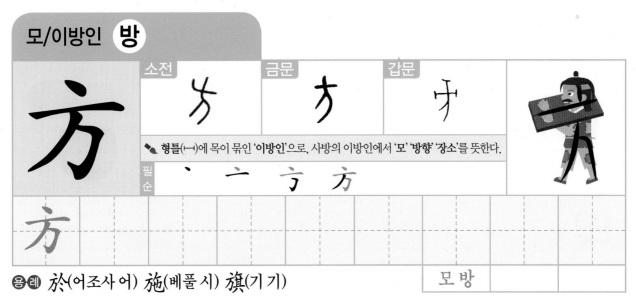

	소전	금문	갑문	
方	方	方	才	

✎ 형틀(一)에 목이 묶인 '이방인'으로, 사방의 이방인에서 '모' '방향' '장소'를 뜻한다.

필순 ` 一 宁 方

方

용례 於(어조사 어) 施(베풀 시) 旗(기 기)　　　　　　　모 방

없을 무 / 이미 기

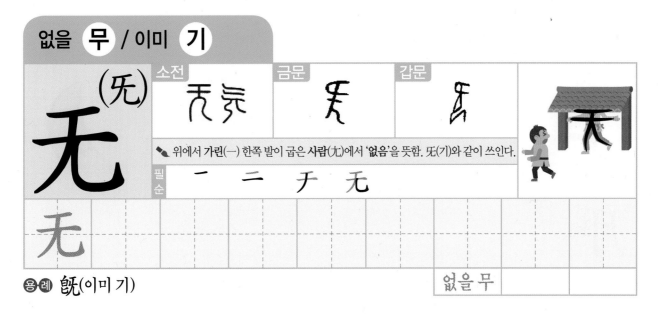

(旡)	소전	금문	갑문	
无	无旡	旡	旡	

✎ 위에서 가린(一) 한쪽 발이 굽은 사람(尢)에서 '없음'을 뜻함. 旡(기)와 같이 쓰인다.

필순 一 二 于 无

无

용례 旣(이미 기)　　　　　　　없을 무

날/해 일

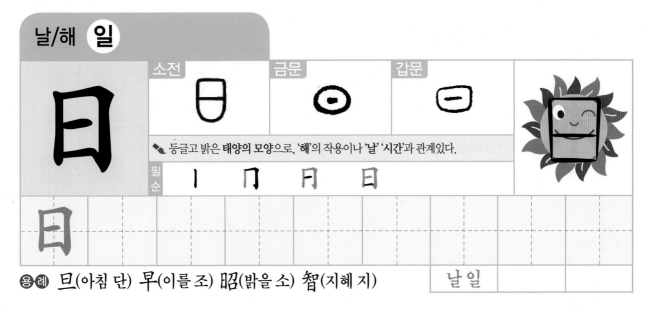

	소전	금문	갑문	
日	日	⊙	▭	

✎ 둥글고 밝은 태양의 모양으로, '해'의 작용이나 '날' '시간'과 관계있다.

필순 丨 冂 日 日

日

용례 旦(아침 단) 무(이를 조) 昭(밝을 소) 智(지혜 지)　　　　날 일

35

말할/가로 왈

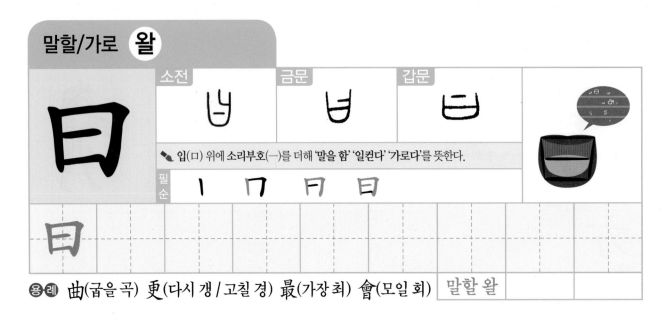

	소전	금문	갑문	
曰	ㅂ	ㅂ	ㅂ	

✎ 입(口) 위에 소리부호(一)를 더해 '말을 함' '일컫다' '가로다'를 뜻한다.

필순 ㅣ ㄇ ㄇ 曰

曰

용례 曲(굽을 곡) 更(다시 갱 / 고칠 경) 最(가장 최) 會(모일 회) 말할 왈

달 월

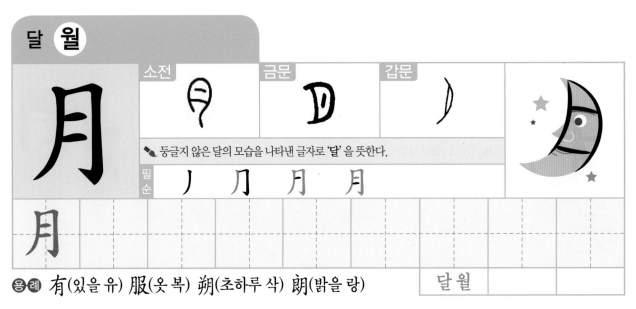

	소전	금문	갑문	
月	月	D	)	

✎ 둥글지 않은 달의 모습을 나타낸 글자로 '달'을 뜻한다.

필순) 刀 月 月

月

용례 有(있을 유) 服(옷 복) 朔(초하루 삭) 朗(밝을 랑) 달 월

나무 목

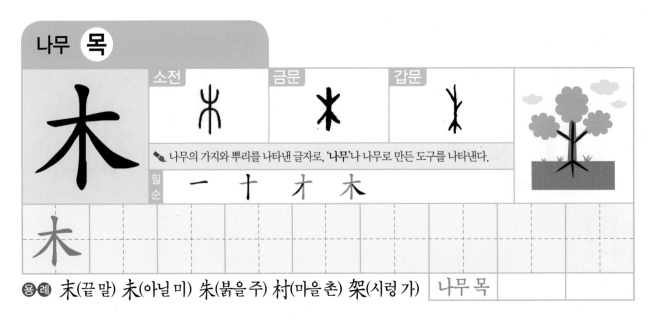

	소전	금문	갑문	
木	米	米	米	

✎ 나무의 가지와 뿌리를 나타낸 글자로, '나무'나 나무로 만든 도구를 나타낸다.

필순 一 十 才 木

木

용례 末(끝 말) 未(아닐 미) 朱(붉을 주) 村(마을 촌) 架(시렁 가) 나무 목

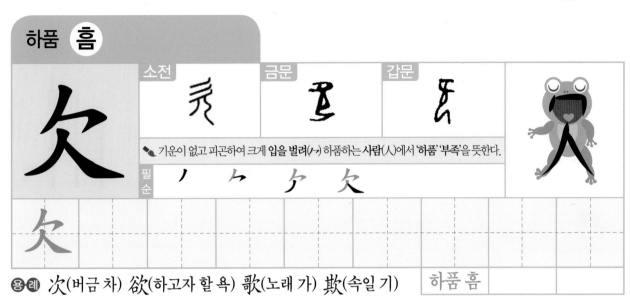

하품 欠

기운이 없고 피곤하여 크게 입을 벌려(╭) 하품하는 사람(人)에서 '하품' '부족'을 뜻한다.

필순: ノ ╮ ╭ 欠

欠

용례 次(버금 차) 欲(하고자 할 욕) 歌(노래 가) 欺(속일 기)　하품 흠

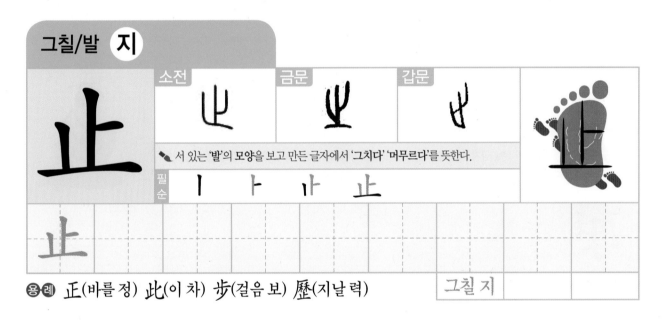

그칠/발 止

서 있는 '발'의 모양을 보고 만든 글자에서 '그치다' '머무르다'를 뜻한다.

필순: ㅣ ㅏ ㅑ 止

止

용례 正(바를 정) 此(이 차) 步(걸음 보) 歷(지날 력)　그칠 지

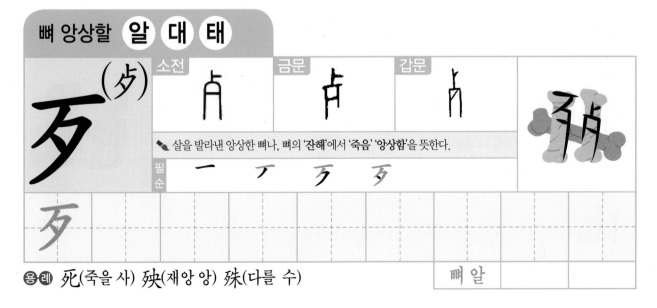

뼈 앙상할 歹(歺) 알 대 태

살을 발라낸 앙상한 뼈나, 뼈의 '잔해'에서 '죽음' '앙상함'을 뜻한다.

필순: 一 ㄱ 歹 歹

歹

용례 死(죽을 사) 殃(재앙 앙) 殊(다를 수)　뼈 알

몽둥이/창 수

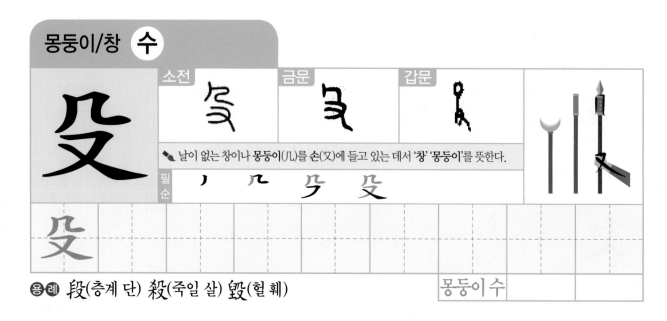

소전	금문	갑문

殳

✎ 날이 없는 창이나 몽둥이(几)를 손(又)에 들고 있는 데서 '창' '몽둥이'를 뜻한다.

필순:) 几 兕 殳

殳

용례 段(층계 단) 殺(죽일 살) 毁(헐 훼)

몽둥이 수

말 무

소전	금문	갑문

毋

✎ 금지선(一)을 그어 아이가 있는 어미(母)에 접근을 금함에서 '말다' '없다'를 뜻한다.

필순: 乚 乚 夕 毋 毋

毋

용례 母(어미 모) 每(매양 매) 毒(독 독)

말 무

견줄/나란할 비

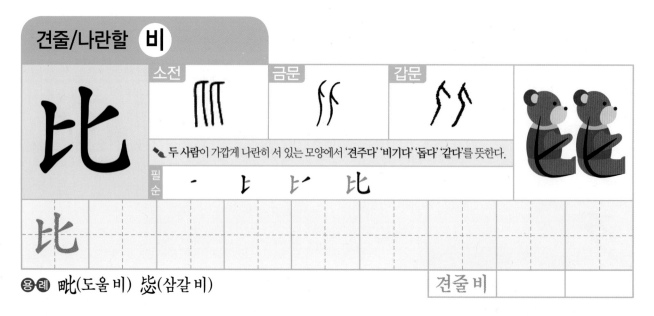

소전	금문	갑문

比

✎ 두 사람이 가깝게 나란히 서 있는 모양에서 '견주다' '비기다' '돕다' '같다'를 뜻한다.

필순: 一 ト ト 比

比

용례 毗(도울 비) 毖(삼갈 비)

견줄 비

털/터럭 **모**

	소전	금문	갑문	
毛				

✎ 사람이나 짐승의 **몸**에 **난 털**로 '**터럭**' '조금'을 뜻한다.

필순: ノ ニ 三 毛

毛

| | | | | | | 털 모 | |

용례 毫(터럭 호) 毬(공 구)

성씨/각시 **씨**

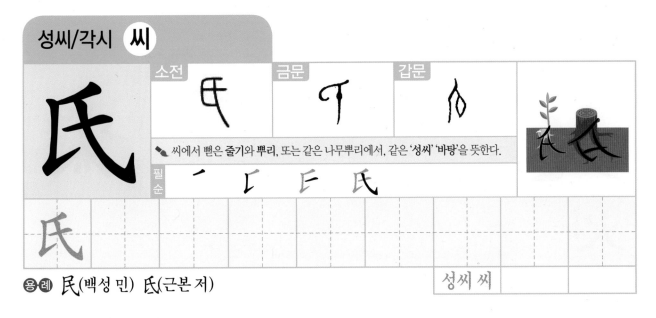

	소전	금문	갑문	
氏				

✎ 씨에서 뻗은 **줄기**와 **뿌리**, 또는 같은 나무뿌리에서, 같은 '**성씨**' '**바탕**'을 뜻한다.

필순: ノ 亡 仟 氏

氏

| | | | | | | 성씨 씨 | |

용례 民(백성 민) 氐(근본 저)

기운 **기**

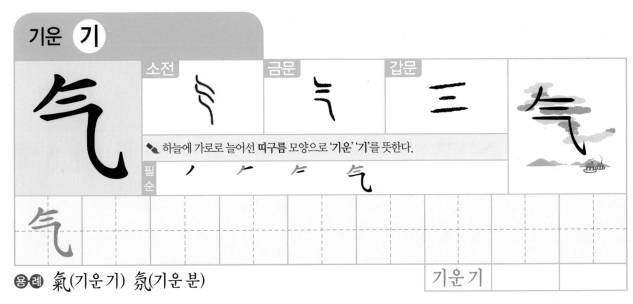

	소전	금문	갑문	
气				

✎ 하늘에 가로로 늘어선 **띠구름** 모양으로 '**기운**' '기'를 뜻한다.

필순: ノ ノ ʹʹ ʹ气 气

气

| | | | | | | 기운 기 | |

용례 氣(기운 기) 氛(기운 분)

물 **수**

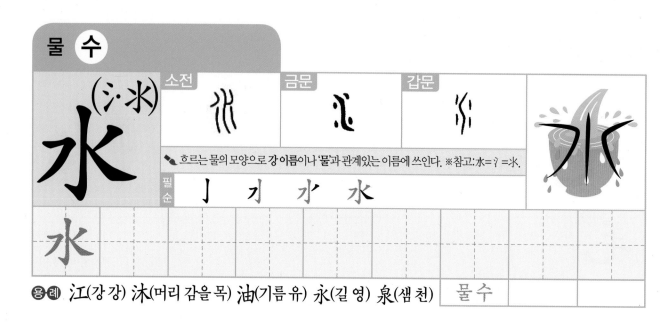

水 (氵·水)

소전	금문	갑문

🖊 흐르는 물의 모양으로 **강 이름**이나 '물'과 관계있는 이름에 쓰인다. ※참고:水=氵=氺.

필순 亅 刁 水 水

水

용례 江(강 강) 沐(머리 감을 목) 油(기름 유) 永(길 영) 泉(샘 천)　　물 수

불 **화**

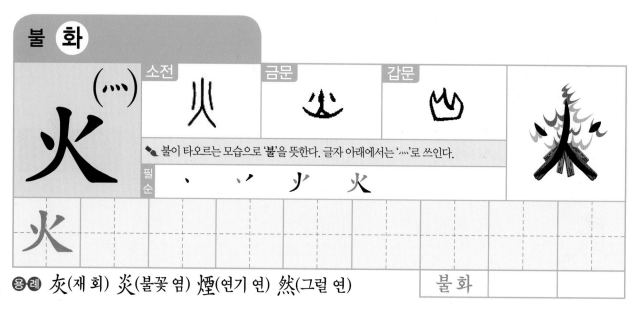

火 (灬)

소전	금문	갑문

🖊 불이 타오르는 모습으로 '**불**'을 뜻한다. 글자 아래에서는 '灬'로 쓰인다.

필순 丶 丷 ⺣ 少 火

火

용례 灰(재 회) 炎(불꽃 염) 煙(연기 연) 然(그럴 연)　　불 화

손톱 **조**

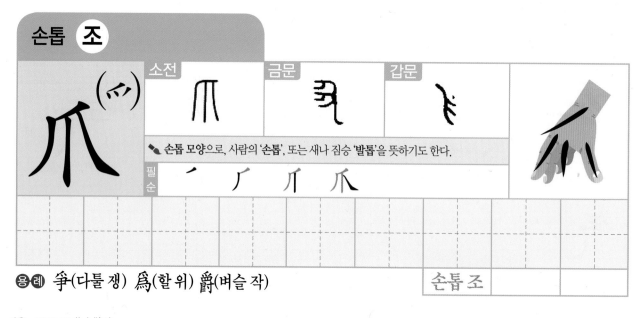

爪 (爫)

소전	금문	갑문

🖊 손톱 모양으로, 사람의 '**손톱**', 또는 새나 짐승 '**발톱**'을 뜻하기도 한다.

필순 ⺁ 厂 爪 爪

용례 爭(다툴 쟁) 爲(할 위) 爵(벼슬 작)　　손톱 조

아버지 **부**

父

소전	금문	갑문

✎ 도끼나 사냥 도구(八)를 손(又=乂)에 들고 사냥이나 식량 생산을 하는 '아비'를 뜻한다.

필순: ノ ノ バ ゲ 父

父

아버지부

용례 爸(아비 파) 爹(아비 다)

점괘/사귈/얽을 **효**

爻

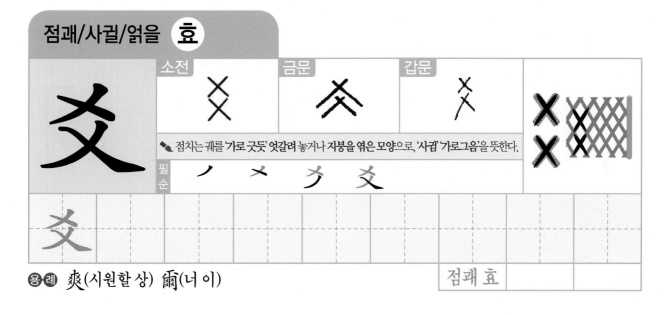

소전	금문	갑문

✎ 점치는 괘를 '가로 긋듯' 엇갈려 놓거나 지붕을 얽은 모양으로, '사귐' '가로그음'을 뜻한다.

필순: ノ ノ メ ガ 爻

爻

점괘 효

용례 爽(시원할 상) 爾(너 이)

조각/널 **장**

爿

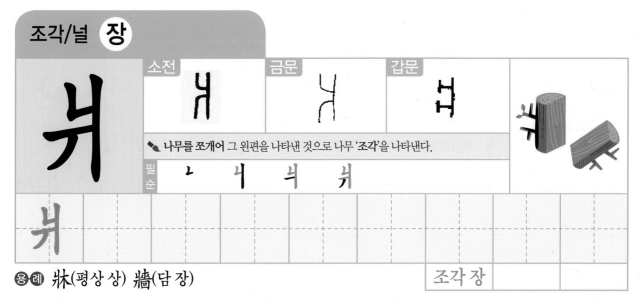

소전	금문	갑문

✎ 나무를 쪼개어 그 왼편을 나타낸 것으로 나무 '조각'을 나타낸다.

필순: ㄴ ㄴ ㅓ ㅓ 爿

爿

조각 장

용례 牀(평상 상) 牆(담 장)

조각 편

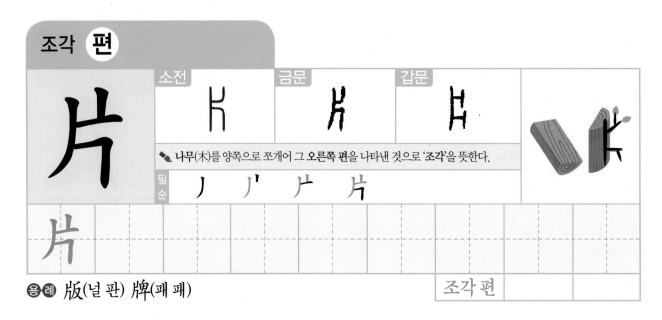

소전	금문	갑문

✎ 나무(木)를 양쪽으로 쪼개어 그 오른쪽 편을 나타낸 것으로 '조각'을 뜻한다.

필순: ノ ノ' ノ' ノ片 片

片

용례 版(널 판) 牌(패 패)　　　　조각 편

어금니 아

소전	금문	갑문

✎ 아래위 어금니나 송곳니가 맞닿은 모양에서 '어금니'를 뜻한다.

필순: ー 乚 乚 牙 牙

牙

용례 撑(버틸 탱)　　　　어금니 아

소 우

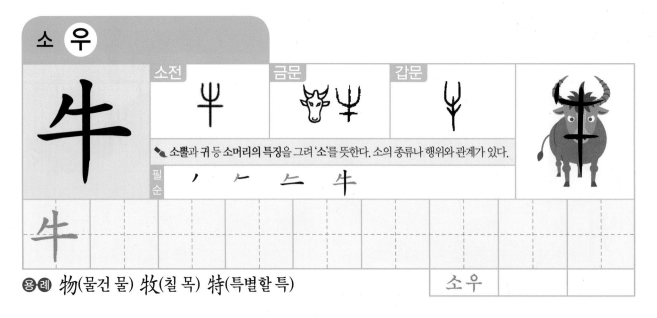

소전	금문	갑문

✎ 소뿔과 귀 등 소머리의 특징을 그려 '소'를 뜻한다. 소의 종류나 행위와 관계가 있다.

필순: ノ ノ 二 牛

牛

용례 物(물건 물) 牧(칠 목) 特(특별할 특)　　　　소 우

개 견

	소전	금문	갑문	
犬 (犭)				

✎ 개의 옆모습 모양으로, '개'나 개의 특성을 지닌 짐승을 나타낸다.

필순: 一 ナ 大 犬

犬

용례 犯(범할 범) 狗(개 구) 獄(옥 옥)

개 견

검을/가물거릴 현

	소전	금문	갑문	
玄				

✎ 발처럼 '매단 줄'이 가물가물하여 '검고' '그윽하게' 보임을 뜻한다.

필순: 丶 一 亠 玄 玄

玄

용례 玆(검을 자) 率(비율 률 / 거느릴 솔)

검을 현

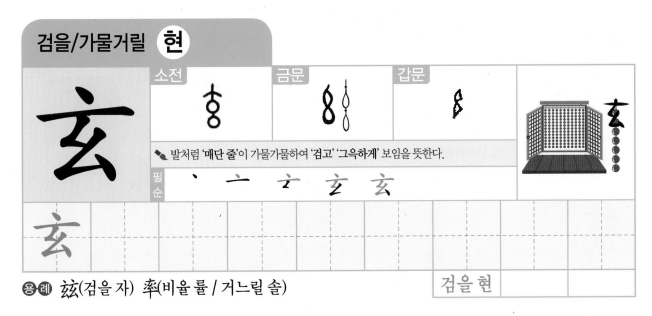

구슬 옥

	소전	금문	갑문	
玉 (王)				

✎ 줄(丨)에 꿴 구슬(三)로 王(왕)과 구분하기 위해 '丶'를 더해 '옥'을 뜻한다.

필순: 一 二 千 王 玉

玉

용례 珍(보배 진) 現(나타날 현) 班(나눌 반)

구슬 옥

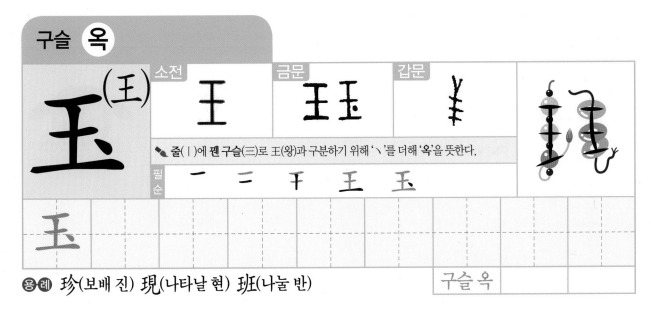

43

외/오이 과

소전	금문	갑문

瓜

✏️ 덩굴에 **외따로** 붙은 오이 모양으로 '**오이**' '**외**'를 뜻하며, **덩굴식물과 관계가 있다.**

필순	一	厂	瓜	瓜	瓜

瓜

				오이 과	

용례 瓠(표주박 호)

기와 와

소전	금문	갑문

瓦

✏️ 나란히 지붕에 올린 **기와** 모양에서 흙을 구워 만든 '**기와**'를 뜻한다.

필순	一	厂	工	瓦	瓦

瓦

				기와 와	

용례 瓶(병 병) 甑(시루 증)

달 감

소전	금문	갑문

甘

✏️ 입(口) 안에 맛있는 음식(一)을 표현하여 '**달고**' '**맛있는**' 음식을 뜻한다.

필순	一	十	廿	甘	甘

甘

				달 감	

용례 甚(심할 심) 甛(달 첨)

부수박사

날 생
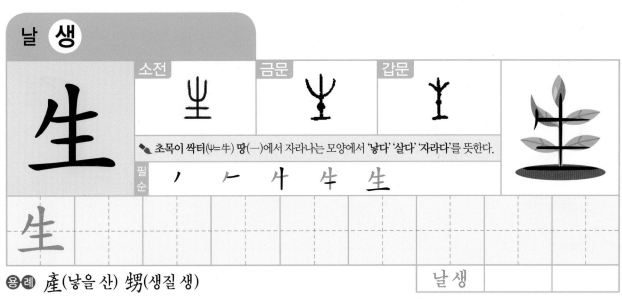

소전	금문	갑문

초목이 싹터(Ψ=屮) 땅(一)에서 자라나는 모양에서 **'낳다' '살다' '자라다'**를 뜻한다.

필순: ノ 一 牛 生

生

용례 産(낳을 산) 甥(생질 생) 날 생

쓸 용
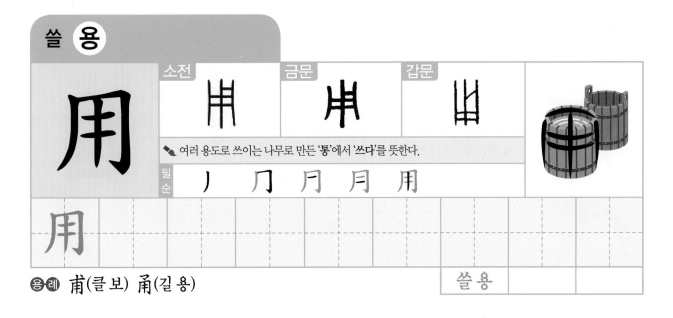

소전	금문	갑문

여러 용도로 쓰이는 나무로 만든 **'통'**에서 **'쓰다'**를 뜻한다.

필순: ノ 丿 刀 月 用

用

용례 甫(클 보) 甬(길 용) 쓸 용

밭 전
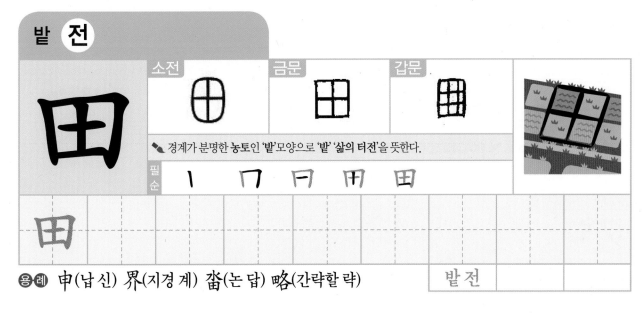

소전	금문	갑문

경계가 분명한 농토인 **'밭'**모양으로 **'밭' '삶의 터전'**을 뜻한다.

필순: 丨 冂 冂 囗 田 田

田

용례 申(납 신) 界(지경 계) 畓(논 답) 略(간략할 략) 밭 전

발 소 필/짝 필

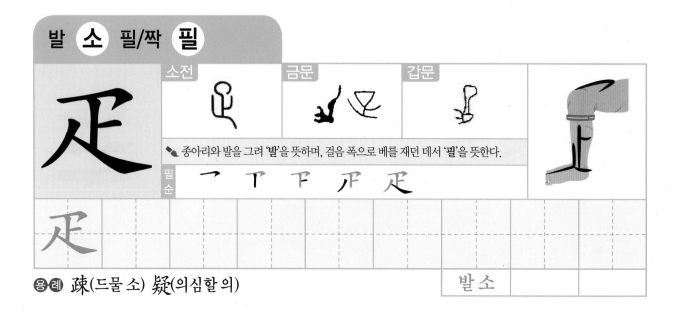

	소전	금문	갑문	
疋				

🖋 종아리와 발을 그려 '발'을 뜻하며, 걸음 폭으로 베를 재던 데서 '필'을 뜻한다.

필순	一	丁	丁	下	疋	疋

疋

용례 疏(드물 소) 疑(의심할 의)

발 소

병질 녁

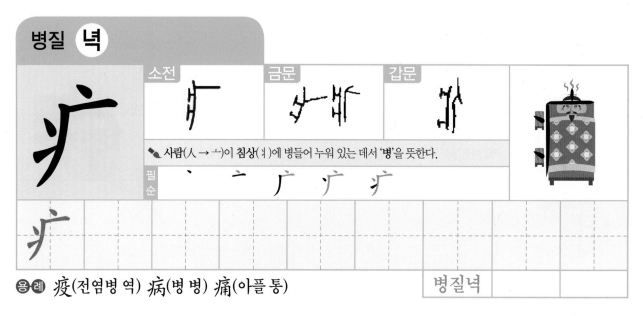

	소전	금문	갑문	
疒				

🖋 사람(人 → 亠)이 침상(爿)에 병들어 누워 있는 데서 '병'을 뜻한다.

필순	丶	一	广	疒	疒

疒

용례 疫(전염병 역) 病(병 병) 痛(아플 통)

병질녁

걸음/등질/필 발

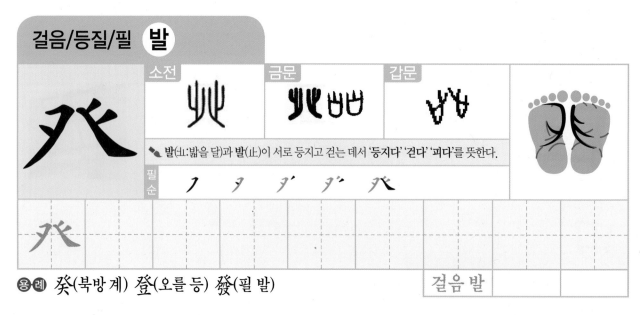

	소전	금문	갑문	
癶				

🖋 발(止:밟을 달)과 발(止)이 서로 등지고 걷는 데서 '등지다' '걷다' '피다'를 뜻한다.

필순	기	기	키	癶	癶	癶

癶

용례 癸(북방 계) 登(오를 등) 發(필 발)

걸음 발

흰 **백**

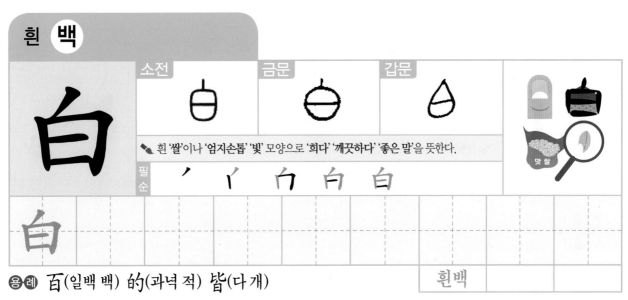

	소전	금문	갑문	

✎ 흰 '쌀'이나 '엄지손톱' '빛' 모양으로 '희다' '깨끗하다' '좋은 말'을 뜻한다.

필순 `ノ` `亻` `冂` `白` `白`

白

용례 百(일백 백) 的(과녁 적) 皆(다 개)　　흰 백

가죽/겉 **피**

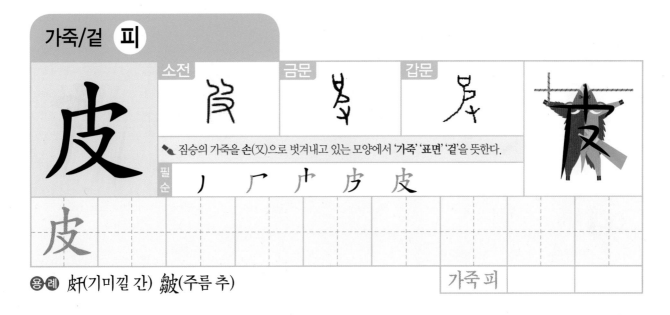

	소전	금문	갑문	

✎ 짐승의 가죽을 손(又)으로 벗겨내고 있는 모양에서 '가죽' '표면' '겉'을 뜻한다.

필순 `ノ` `厂` `广` `皮` `皮`

皮

용례 皯(기미낄 간) 皺(주름 추)　　가죽 피

그릇 **명**

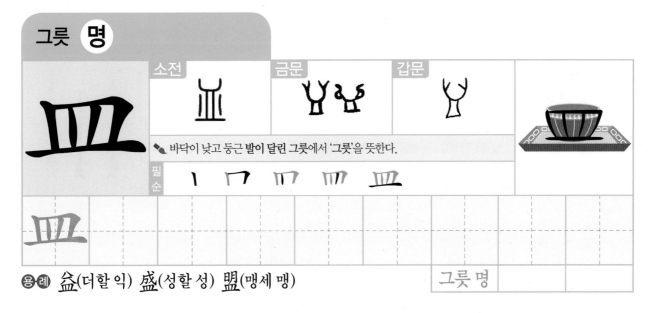

	소전	금문	갑문	

✎ 바닥이 낮고 둥근 발이 달린 그릇에서 '그릇'을 뜻한다.

필순 `丨` `冂` `冂` `皿` `皿`

皿

용례 益(더할 익) 盛(성할 성) 盟(맹세 맹)　　그릇 명

47

눈 목

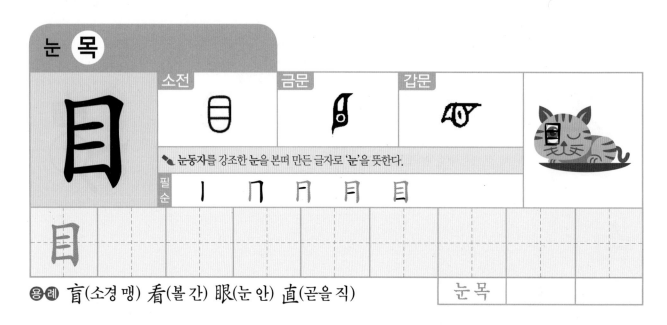

	소전	금문	갑문	
目	目	目		

✎ 눈동자를 강조한 눈을 본떠 만든 글자로 '눈'을 뜻한다.

필순: ㅣ ㄇ ㄇ 目 目

目

용례 盲(소경 맹) 看(볼 간) 眼(눈 안) 直(곧을 직)　　눈 목

창/긴창 모

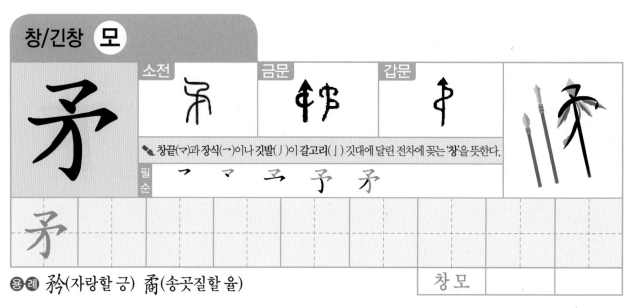

	소전	금문	갑문	
矛				

✎ 창끝(ㄱ)과 장식(→)이나 깃발(ノ)이 갈고리(亅) 깃대에 달린 전차에 꽂는 '창'을 뜻한다.

필순: ㄱ ㄱ ㄱ 予 矛

矛

용례 矜(자랑할 긍) 矞(송곳질할 율)　　창 모

화살 시

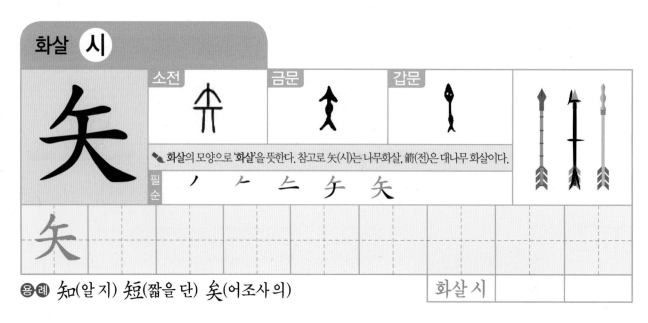

	소전	금문	갑문	
矢				

✎ 화살의 모양으로 '화살'을 뜻한다. 참고로 矢(시)는 나무화살, 箭(전)은 대나무 화살이다.

필순: ノ ㅡ ㅡ 午 矢

矢

용례 知(알 지) 短(짧을 단) 矣(어조사 의)　　화살 시

돌 석

	소전	금문	갑문	
石	厂	石	石	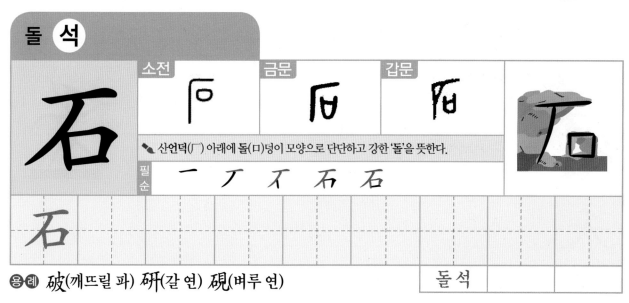

✎ 산언덕(厂) 아래에 돌(口)덩이 모양으로 단단하고 강한 '돌'을 뜻한다.

필순	一 丆 ア 石 石

石

용례 破(깨뜨릴 파) 研(갈 연) 硯(벼루 연)　　　　돌 석

보일/제단 시

(ネ)	소전	금문	갑문	
示	示	示	示	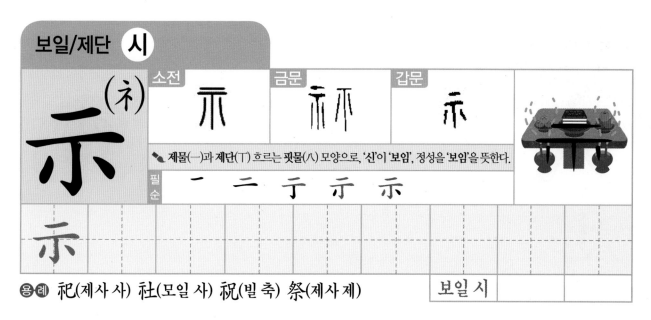

✎ 제물(一)과 제단(丁) 흐르는 핏물(八) 모양으로, '신'이 '보임', 정성을 '보임'을 뜻한다.

필순	一 二 于 示 示

示

용례 祀(제사 사) 社(모일 사) 祝(빌 축) 祭(제사 제)　　　　보일 시

짐승 발자국 유 / 긴자루 구

内	소전	금문	갑문	
	内	内	内	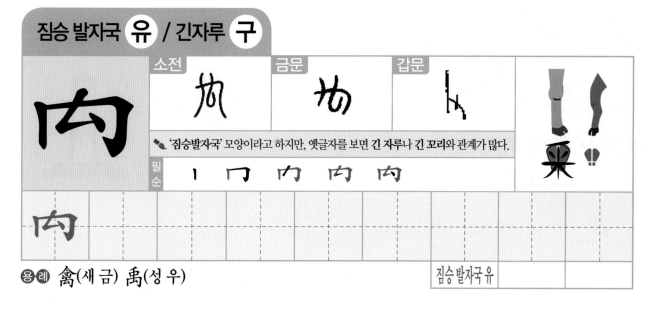

✎ '짐승발자국' 모양이라고 하지만, 옛글자를 보면 긴 자루나 긴 꼬리와 관계가 많다.

필순	丿 冂 内 内 内

内

용례 禽(새 금) 禹(성 우)　　　　짐승 발자국 유

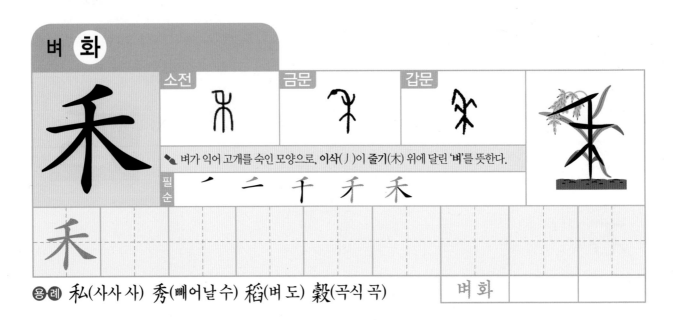

벼 화

禾

소전 / 금문 / 갑문

✎ 벼가 익어 고개를 숙인 모양으로, **이삭**(丿)이 줄기(木) 위에 달린 '**벼**'를 뜻한다.

필순: 丿 一 二 千 手 禾

禾

용례 私(사사 사) 秀(빼어날 수) 稻(벼 도) 穀(곡식 곡)

벼 화

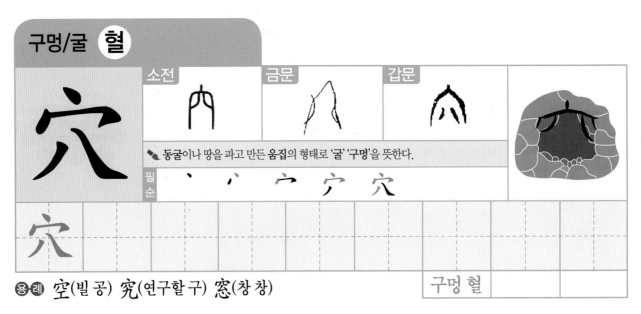

구멍/굴 혈

穴

소전 / 금문 / 갑문

✎ 동굴이나 땅을 파고 만든 움집의 형태로 '**굴**' '**구멍**'을 뜻한다.

필순: 丶 丶 宀 宀 穴

穴

용례 空(빌 공) 究(연구할 구) 窓(창 창)

구멍 혈

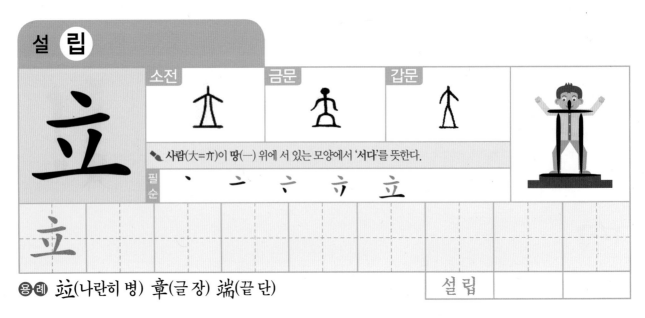

설 립

立

소전 / 금문 / 갑문

✎ 사람(大=ㅊ)이 땅(一) 위에 서 있는 모양에서 '**서다**'를 뜻한다.

필순: 丶 丶 二 立 立 立

立

용례 竝(나란히 병) 章(글 장) 端(끝 단)

설 립

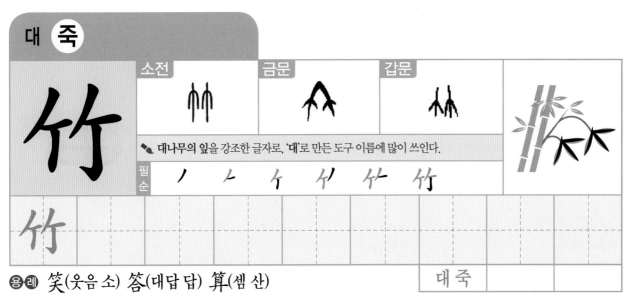

대 죽

소전 · 금문 · 갑문

🖋 대나무의 잎을 강조한 글자로, '대'로 만든 도구 이름에 많이 쓰인다.

필순 丿 丿 ⺮ ⺮ ⺮ 竹

竹

용례 笑(웃음 소) 答(대답 답) 算(셈 산)

대 죽

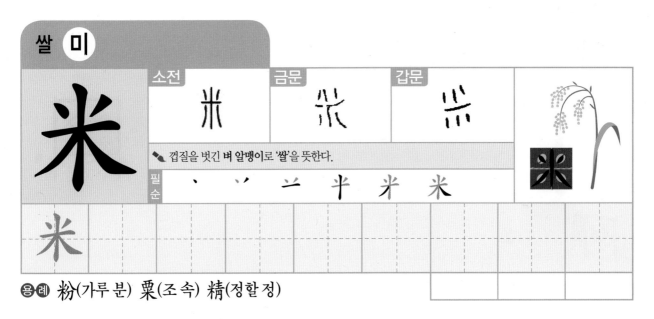

쌀 미

소전 · 금문 · 갑문

🖋 껍질을 벗긴 벼 알맹이로 '쌀'을 뜻한다.

필순 丶 丷 ⼆ 半 米 米

米

용례 粉(가루 분) 粟(조 속) 精(정할 정)

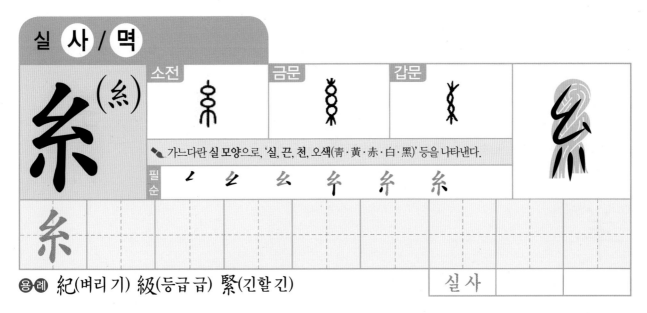

실 사 / 멱

糸 (糸)

소전 · 금문 · 갑문

🖋 가느다란 실 모양으로, '실, 끈, 천, 오색(靑·黃·赤·白·黑)' 등을 나타낸다.

필순 ⺀ ⺀ 幺 幺 糸 糸

糸

용례 紀(벼리 기) 級(등급 급) 緊(긴할 긴)

실 사

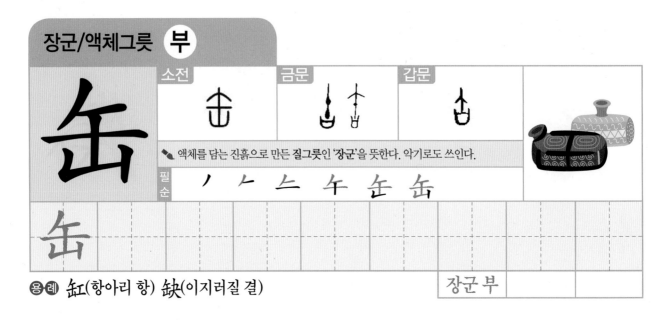

장군/액체그릇 부

	소전	금문	갑문	
缶	缶			

✎ 액체를 담는 진흙으로 만든 질그릇인 '장군'을 뜻한다. 악기로도 쓰인다.

필순 ﾉ ﾉ ﾑ ﾅ ﾉ 缶

缶

용례 缸(항아리 항) 缺(이지러질 결)

장군 부

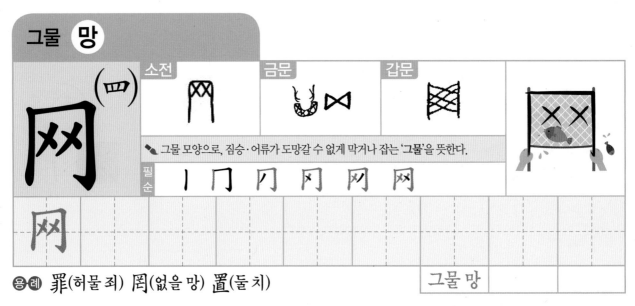

그물 망

网 (罒)

	소전	금문	갑문	
网				

✎ 그물 모양으로, 짐승·어류가 도망갈 수 없게 막거나 잡는 '그물'을 뜻한다.

필순 丨 冂 冂 冈 网 网

网

용례 罪(허물 죄) 罔(없을 망) 置(둘 치)

그물 망

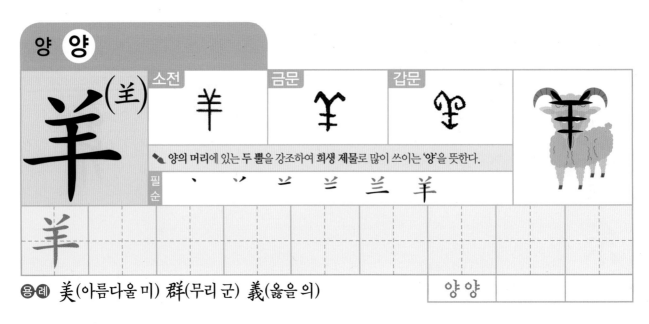

양 양

羊 (⺶)

	소전	금문	갑문	
羊	羊			

✎ 양의 머리에 있는 두 뿔을 강조하여 희생 제물로 많이 쓰이는 '양'을 뜻한다.

필순 丶 丷 ⺊ ⺕ 肀 羊

羊

용례 美(아름다울 미) 群(무리 군) 義(옳을 의)

양 양

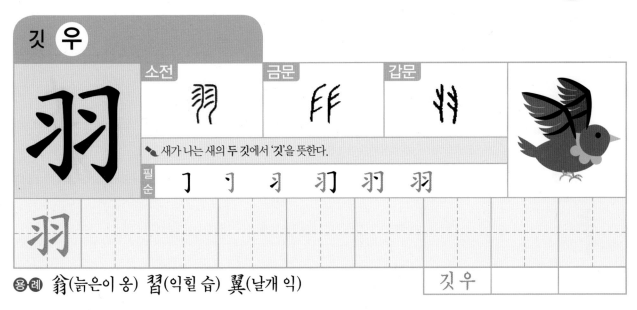

깃 우

羽

소전	금문	갑문

✎ 새가 나는 새의 두 깃에서 '깃'을 뜻한다.

필순	ㄱ	ㄱ	ㄱ	羽	羽	羽

羽

용례 翁(늙은이 옹) 習(익힐 습) 翼(날개 익)   깃 우

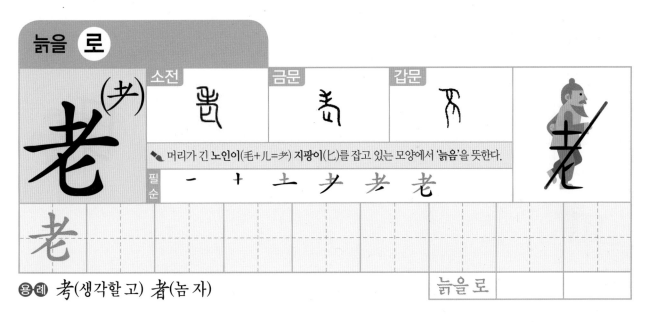

늙을 로

老(耂)

소전	금문	갑문

✎ 머리가 긴 노인이(毛+儿=耂) 지팡이(匕)를 잡고 있는 모양에서 '늙음'을 뜻한다.

필순	一	十	土	耂	老	老

老

용례 考(생각할 고) 者(놈 자)   늙을 로

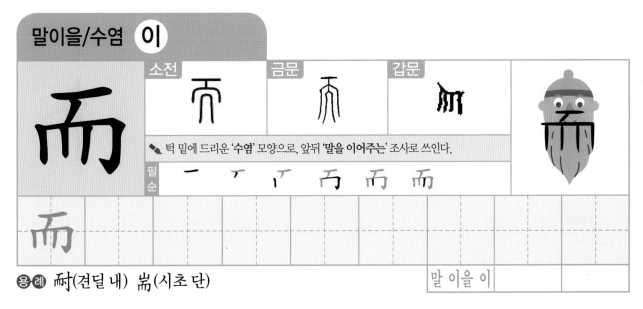

말이을/수염 이

而

소전	금문	갑문

✎ 턱 밑에 드리운 '수염' 모양으로, 앞뒤 '말을 이어주는' 조사로 쓰인다.

필순	一	ㄱ	ㄢ	而	而	而

而

용례 耐(견딜 내) 耑(시초 단)   말 이을 이

쟁기 뢰

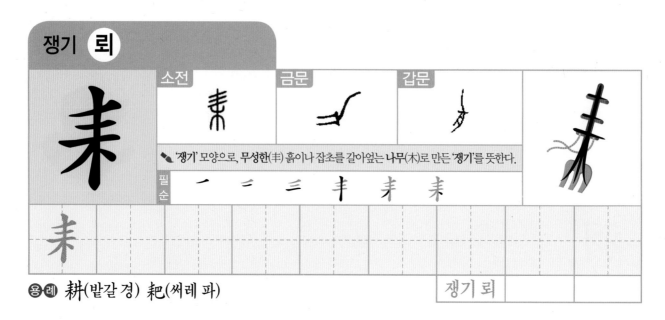

	소전	금문	갑문	
耒				

✎ '쟁기' 모양으로, 무성한(丰) 흙이나 잡초를 갈아엎는 나무(木)로 만든 '쟁기'를 뜻한다.

필순: 一 二 三 丰 耒 耒

耒

용례 耕(밭갈 경) 耙(써레 파)

쟁기 뢰

귀 이

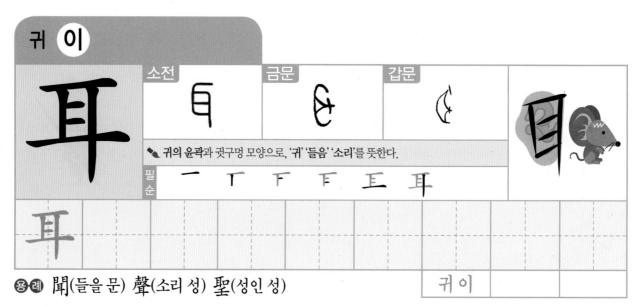

	소전	금문	갑문	
耳				

✎ 귀의 윤곽과 귓구멍 모양으로, '귀' '들음' '소리'를 뜻한다.

필순: 一 丅 丆 盯 盯 耳

耳

용례 聞(들을 문) 聲(소리 성) 聖(성인 성)

귀 이

붓 / 세울 율

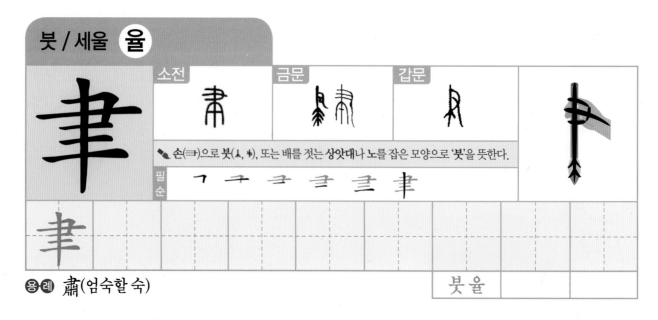

	소전	금문	갑문	
聿				

✎ 손(彐)으로 붓(乀, 屮), 또는 배를 젓는 상앗대나 노를 잡은 모양으로 '붓'을 뜻한다.

필순: 一 彐 彐 圭 聿

聿

용례 肅(엄숙할 숙)

붓 율

고기 육

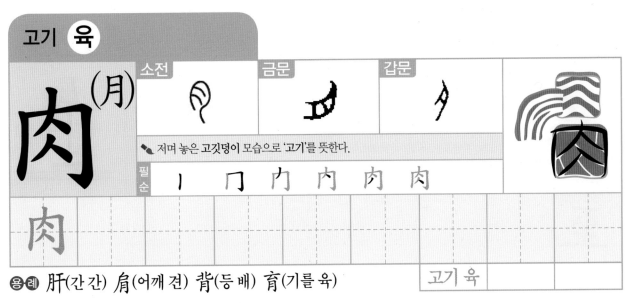

	소전	금문	갑문	

✎ 저며 놓은 고깃덩이 모습으로 '고기'를 뜻한다.

필순 ㅣ ㄇ ㄇ 內 肉 肉

肉

肉

용례 肝(간 간) 肩(어깨 견) 背(등 배) 育(기를 육)

고기 육

신하/노예 눈 신

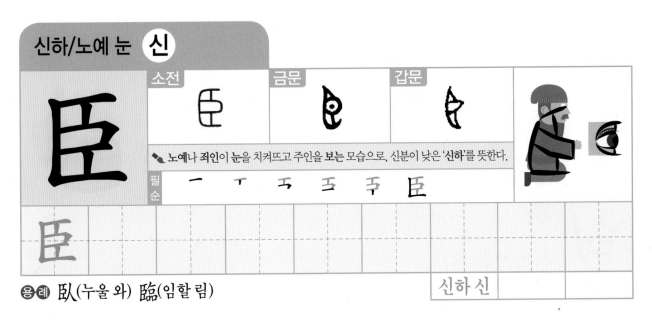

	소전	금문	갑문	

✎ 노예나 죄인이 눈을 치켜뜨고 주인을 보는 모습으로, 신분이 낮은 '신하'를 뜻한다.

필순 一 ㄧ 千 五 五 臣

臣

臣

용례 臥(누울 와) 臨(임할 림)

신하 신

스스로/코모양 자

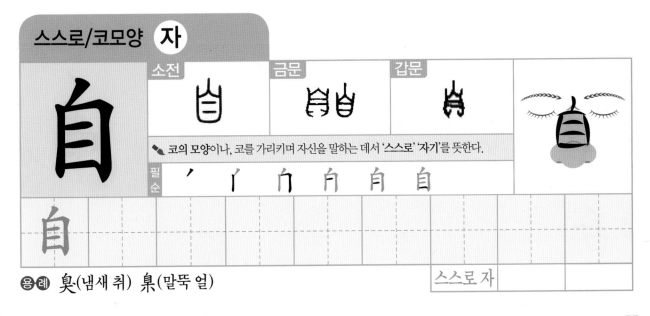

	소전	금문	갑문	

✎ 코의 모양이나, 코를 가리키며 자신을 말하는 데서 '스스로' '자기'를 뜻한다.

필순 ノ ㄥ ㅁ 甶 自 自

自

自

용례 臭(냄새 취) 臬(말뚝 얼)

스스로 자

이를 지

	소전	금문	갑문	
至	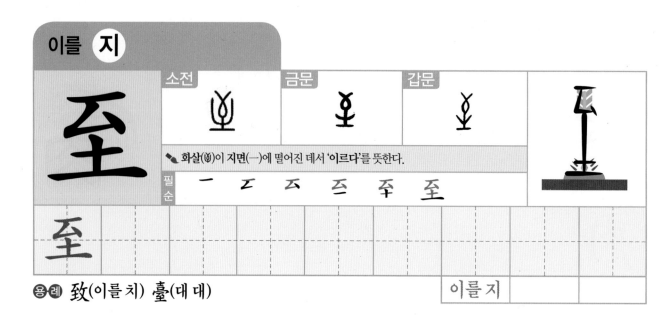			

✎ 화살(⟱)이 지면(一)에 떨어진 데서 '이르다'를 뜻한다.

필순	一	工	云	즈	至	至

至

용례 致(이를 치) 臺(대 대)

이를 지

절구 구

	소전	금문	갑문	
臼	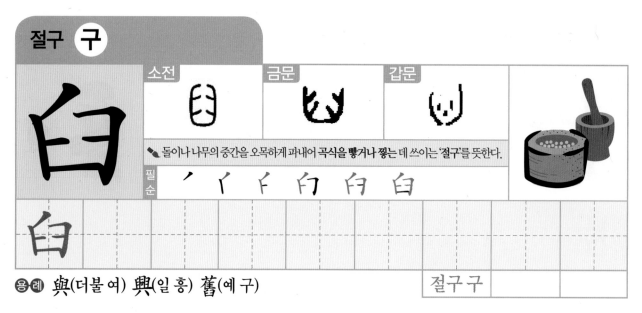			

✎ 돌이나 나무의 중간을 오목하게 파내어 곡식을 빻거나 찧는 데 쓰이는 '절구'를 뜻한다.

필순	ノ	ハ	仁	台	臼	臼	臼

臼

용례 與(더불 여) 興(일 흥) 舊(예 구)

절구 구

혀 설

	소전	금문	갑문	
舌	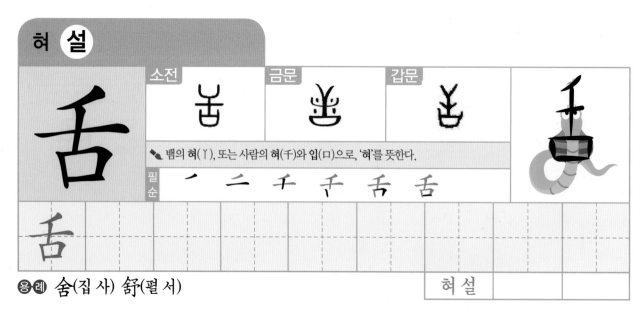			

✎ 뱀의 혀(丫), 또는 사람의 혀(千)와 입(口)으로, '혀'를 뜻한다.

필순	ー	二	千	千	舌	舌

舌

용례 舍(집 사) 舒(펼 서)

혀 설

어그러질 천

	소전	금문	갑문	
舛				

✎ 발(夕)과 발(ヰ:걸을 과)이 어수선하게 놓인 모양에서 '어그러지다'를 뜻한다.

필순 ノ ク タ タ- 夘 舛

舛

⊙용례 舜(순임금 순) 舞(춤출 무)

어그러질 천

배 주

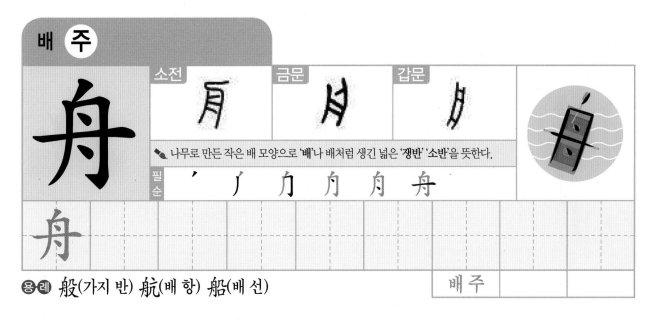

	소전	금문	갑문	
舟				

✎ 나무로 만든 작은 배 모양으로 '배'나 배처럼 생긴 넓은 '쟁반' '소반'을 뜻한다.

필순 ' ノ 丆 力 月 舟

舟

⊙용례 般(가지 반) 航(배 항) 船(배 선)

배 주

그칠/괘이름 간

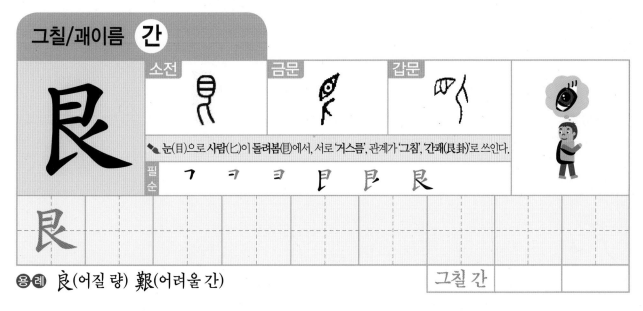

	소전	금문	갑문	
艮				

✎ 눈(目)으로 사람(匕)이 돌려봄(目)에서, 서로 '거스름', 관계가 '그침', 간괘(艮卦)로 쓰인다.

필순 ⁻ ㄱ ㅋ ㅋ 艮 艮 艮

艮

⊙용례 良(어질 량) 艱(어려울 간)

그칠 간

빛 색

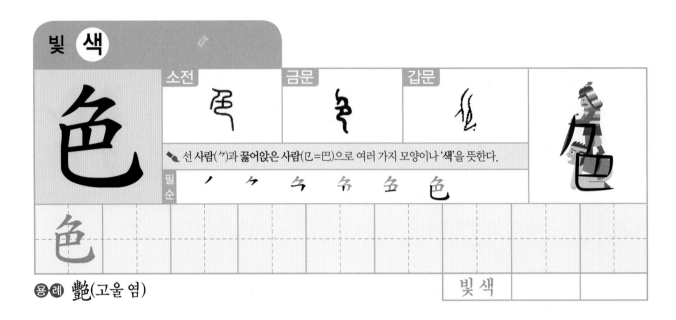

	소전	금문	갑문	
色	免	⻏	⻏	

🖋 선 사람(⺈)과 꿇어앉은 사람(巴=巴)으로 여러 가지 모양이나 '색'을 뜻한다.

필순	⺈	⺈	⺈	名	多	色

色						

용례 艶(고울 염)

			빛 색	

풀 초

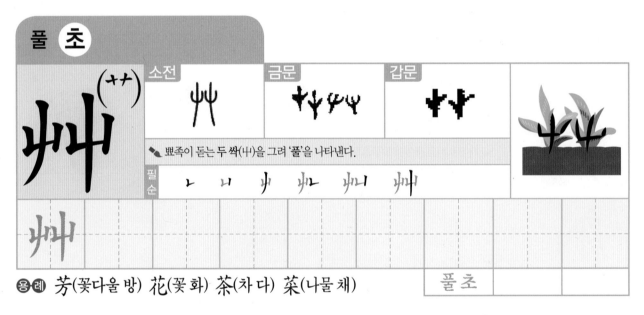

	소전	금문	갑문	
艸 (⺾)	⻌⻌	⻌⻌⻌	⻌⻌	

🖋 뾰족이 돋는 두 싹(屮)을 그려 '풀'을 나타낸다.

필순	ㄴ	ㄴ	屮	屮	艸	艸

艸						

용례 芳(꽃다울 방) 花(꽃 화) 茶(차 다) 菜(나물 채)

			풀 초	

범 호

	소전	금문	갑문	
虎	肖	岙	⿔	

🖋 입을 크게 벌린 사나운 호랑이의 모습으로 '범'을 뜻한다.

필순	ㅣ	ㅏ	广	卢	卢	虎

虎						

용례 虎(범 호) 處(곳 처) 虛(빌 허)

			범 호	

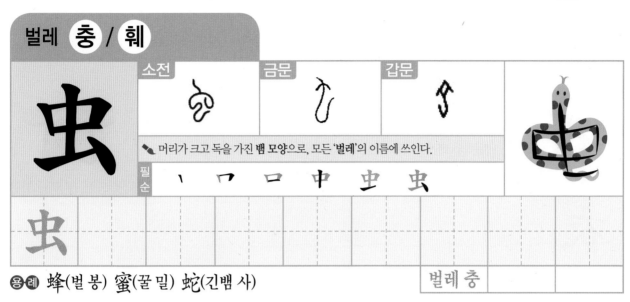

벌레 충 / 훼 — 虫

소전	금문	갑문

머리가 크고 독을 가진 **뱀 모양**으로, 모든 '**벌레**'의 이름에 쓰인다.

필순: 丶 丨 口 口 虫 虫 虫

虫

용례 蜂(벌 봉) 蜜(꿀 밀) 蛇(긴뱀 사)

벌레 충

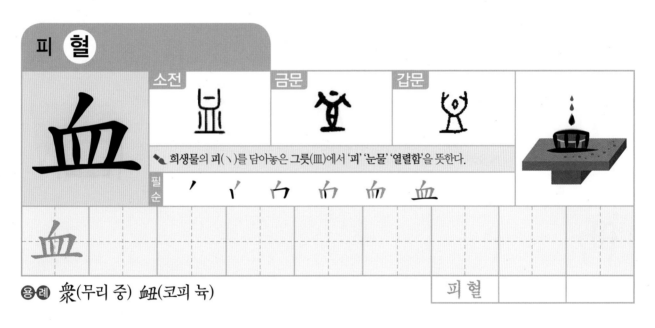

피 혈 — 血

소전	금문	갑문

희생물의 피(丶)를 담아놓은 그릇(皿)에서 '**피**' '**눈물**' '**열렬함**'을 뜻한다.

필순: 丶 ノ 亻 冂 血 血 血

血

용례 衆(무리 중) 衄(코피 뉵)

피 혈

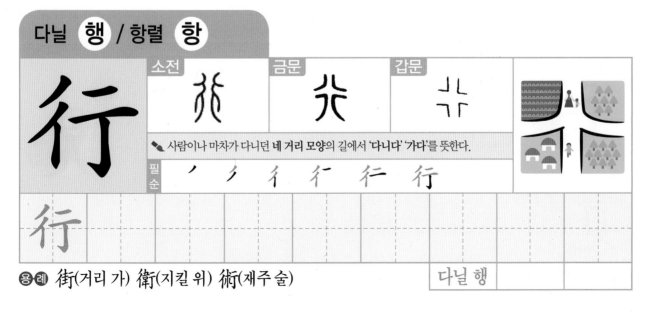

다닐 행 / 항렬 항 — 行

소전	금문	갑문

사람이나 마차가 다니던 **네 거리 모양**의 길에서 '**다니다**' '**가다**'를 뜻한다.

필순: ノ 彳 彳 彳 行 行

行

용례 街(거리 가) 衛(지킬 위) 術(재주 술)

다닐 행

옷 의

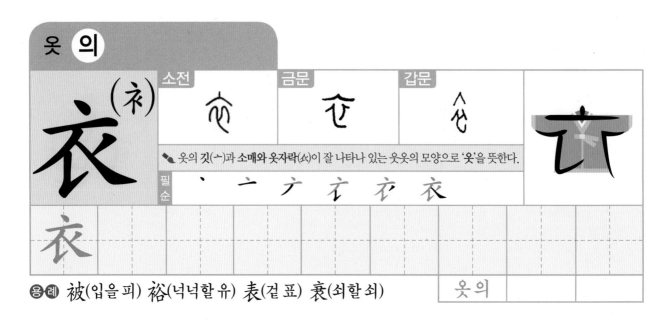

	소전	금문	갑문	
衣 (衤)				

✎ 옷의 깃(亠)과 소매와 옷자락(㐅)이 잘 나타나 있는 웃옷의 모양으로 '옷'을 뜻한다.

필순　`ヽ` `ㅗ` `ナ` `ナ` `衣` `衣` `衣`

衣

용례　被(입을 피) 裕(넉넉할 유) 表(겉 표) 衰(쇠할 쇠)　　옷 의

덮을 아

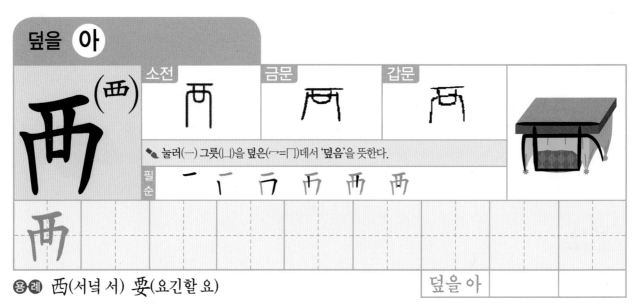

	소전	금문	갑문	
襾 (覀)				

✎ 눌러(一) 그릇(凵)을 덮은(冖=冂)데서 '덮음'을 뜻한다.

필순　`一` `冖` `冂` `币` `襾` `襾`

襾

용례　西(서녘 서) 要(요긴할 요)　　덮을 아

볼 견 / 뵈올 현

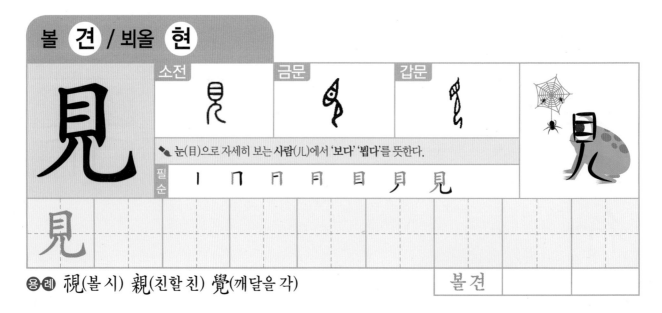

	소전	금문	갑문	
見				

✎ 눈(目)으로 자세히 보는 사람(儿)에서 '보다' '뵙다'를 뜻한다.

필순　`丨` `冂` `冂` `目` `目` `見` `見`

見

용례　視(볼 시) 親(친할 친) 覺(깨달을 각)　　볼 견

뿔 각

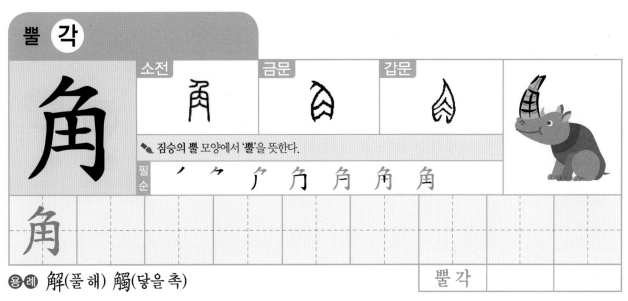

	소전	금문	갑문	

✎ 짐승의 뿔 모양에서 '뿔'을 뜻한다.

필순: ⺈ ⺈ ⺈ ⺆ 角 角 角 角

角

● 용례 解(풀 해) 觸(닿을 촉)

뿔 각

말씀 언

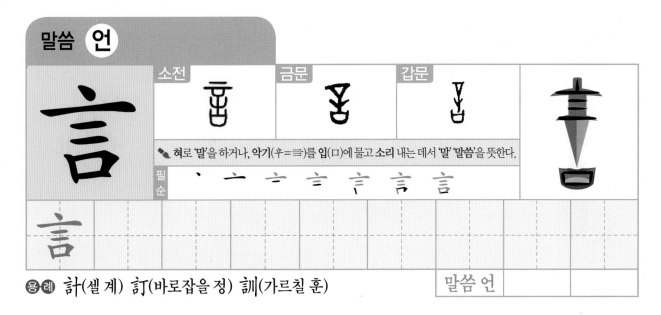

	소전	금문	갑문	

✎ 혀로 '말'을 하거나, 악기(辛=言)를 입(口)에 물고 소리 내는 데서 '말' '말씀'을 뜻한다.

필순: 丶 一 二 言 言 言 言

言

● 용례 計(셀 계) 訂(바로잡을 정) 訓(가르칠 훈)

말씀 언

골 곡

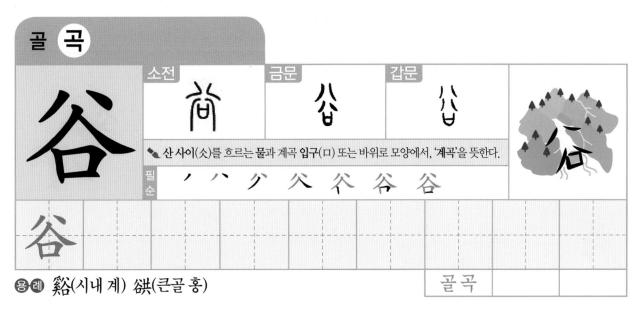

	소전	금문	갑문	

✎ 산 사이(厸)를 흐르는 물과 계곡 입구(口) 또는 바위로 모양에서, '계곡'을 뜻한다.

필순: ⺈ ⺆ ⺈ 父 父 谷 谷

谷

● 용례 谿(시내 계) 谼(큰골 홍)

골 곡

제기 / 콩 두

	소전	금문	갑문	
豆	豆	豆	豆	

✎ 나무로 만든 '제기'로, 콩 모양의 '고문(尗)'에서 '콩'이라고도 한다.

| 필순 | 一 ㄱ 〒 �₅ 戸 豆 豆 |

豆						
						제기 두

용례 豈(어찌 기) 豊(풍년 풍)

돼지 시

	소전	금문	갑문	
豕	豕	豕	豕	

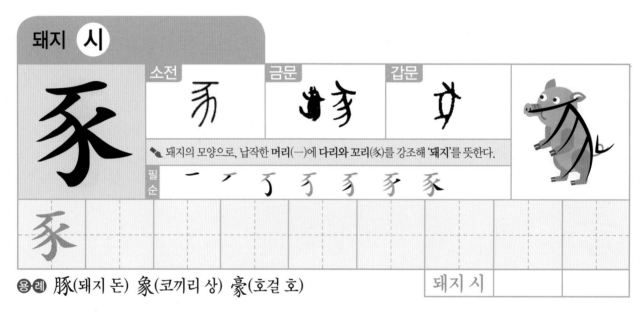

✎ 돼지의 모양으로, 납작한 머리(一)에 다리와 꼬리(豕)를 강조해 '돼지'를 뜻한다.

| 필순 | 一 ㄱ 了 豸 豸 豸 豕 |

豕						
						돼지 시

용례 豚(돼지 돈) 象(코끼리 상) 豪(호걸 호)

벌레 / 맹수 치 해태 태

	소전	금문	갑문	
豸	豸	豸	豸	

✎ 사나운 짐승이 입을 벌리고 있는 전설상의 짐승인 '해태'를 뜻한다.

| 필순 | 一 ㄱ ㄑ ㄕ 豸 豸 豸 豸 |

豸						
						해태 태

용례 貌(모양 모) 豹(표범 표)

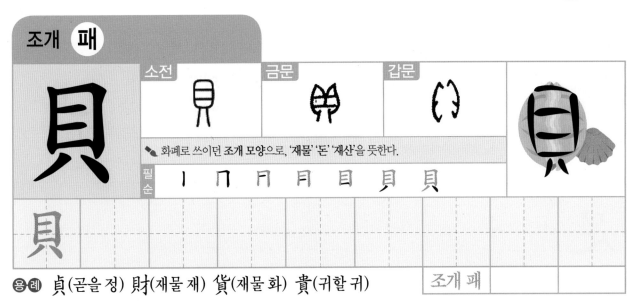

조개 **패**

소전	금문	갑문

🖊 화폐로 쓰이던 조개 모양으로, '재물' '돈' '재산'을 뜻한다.

필순: 丨 冂 冂 月 目 貝 貝

貝

(용례) 貞(곧을 정) 財(재물 재) 貨(재물 화) 貴(귀할 귀)

조개 패

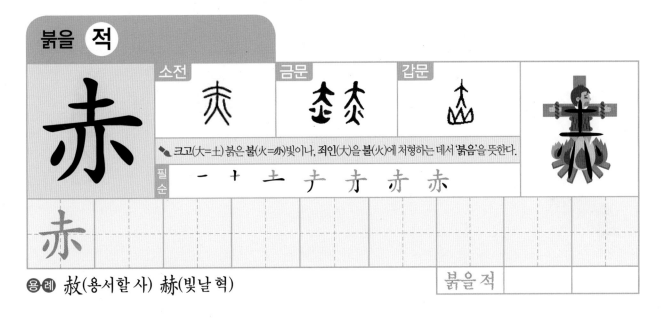

붉을 **적**

소전	금문	갑문

🖊 크고(大=土) 붉은 불(火=灬)빛이나, 죄인(大)을 불(火)에 처형하는 데서 '붉음'을 뜻한다.

필순: 一 十 土 亍 赤 赤 赤

赤

(용례) 赦(용서할 사) 赫(빛날 혁)

붉을 적

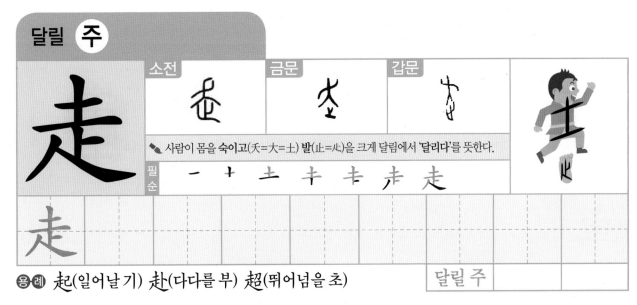

달릴 **주**

소전	금문	갑문

🖊 사람이 몸을 숙이고(夭=大=土) 발(止=〢)을 크게 달림에서 '달리다'를 뜻한다.

필순: 一 十 土 圡 走 走 走

走

(용례) 起(일어날 기) 赴(다다를 부) 超(뛰어넘을 초)

달릴 주

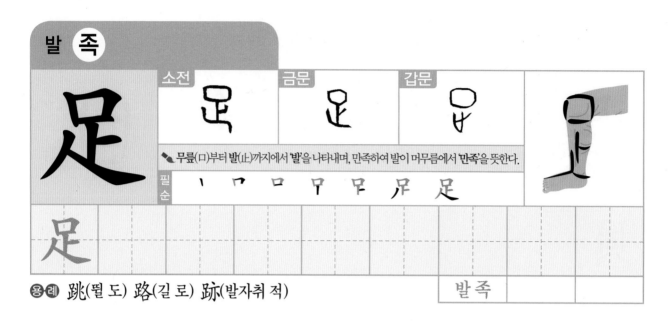

발 족

	소전	금문	갑문	
足	足	足	足	

✎ 무릎(口)부터 발(止)까지에서 **발**을 나타내며, 만족하여 발이 머무름에서 **만족**을 뜻한다.

필순: `丨 口 口 무 무 무 足`

足

용례 跳(뛸 도) 路(길 로) 跡(발자취 적)

발 족		

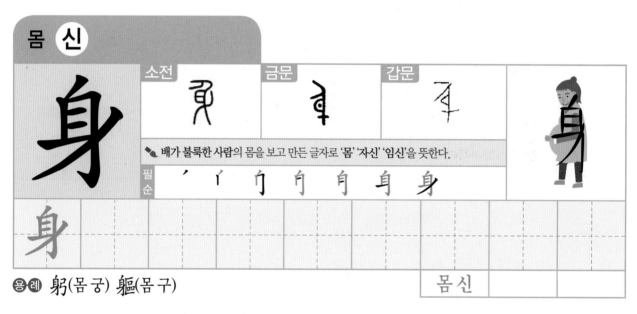

몸 신

	소전	금문	갑문	
身	身	身	身	

✎ 배가 불룩한 사람의 몸을 보고 만든 글자로 '몸' '자신' '임신'을 뜻한다.

필순: `丿 丨 亻 竹 百 身 身`

身

용례 躬(몸 궁) 軀(몸 구)

몸 신		

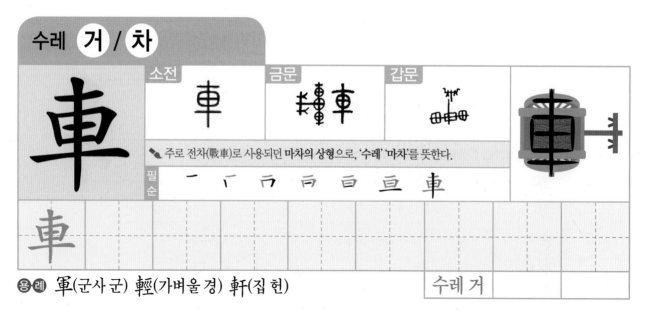

수레 거 / 차

	소전	금문	갑문	
車	車	車	車	

✎ 주로 전차(戰車)로 사용되던 마차의 상형으로, '수레' '마차'를 뜻한다.

필순: `一 厂 厅 甫 百 亘 車`

車

용례 軍(군사 군) 輕(가벼울 경) 軒(집 헌)

수레 거		

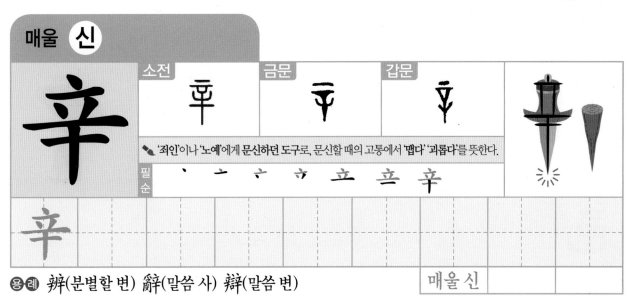

매울 신

辛

소전	금문	갑문

✎ '죄인'이나 '노예'에게 문신하던 도구로, 문신할 때의 고통에서 '맵다' '괴롭다'를 뜻한다.

필순: 丶 亠 亠 立 立 辛

辛

매울 신

용례 辨(분별할 변) 辭(말씀 사) 辯(말씀 변)

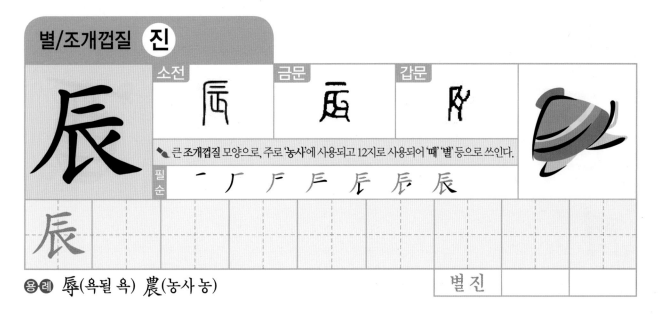

별/조개껍질 진

辰

소전	금문	갑문

✎ 큰 조개껍질 모양으로, 주로 '농사'에 사용되고 12지로 사용되어 '때' '별' 등으로 쓰인다.

필순: 一 厂 厂 厂 斤 辰 辰 辰

辰

별 진

용례 辱(욕될 욕) 農(농사 농)

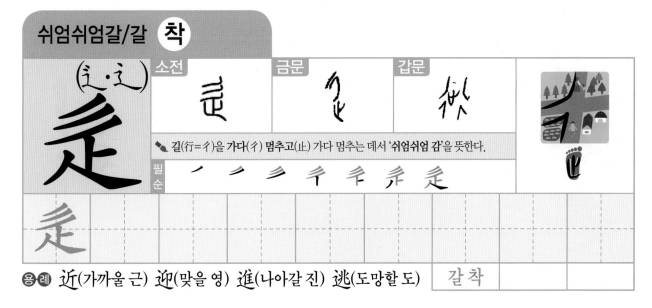

쉬엄쉬엄갈/갈 착

(辶·辶)
辵

소전	금문	갑문

✎ 길(行=彳)을 가다(彳) 멈추고(止) 가다 멈추는 데서 '쉬엄쉬엄 감'을 뜻한다.

필순: 丿 亻 彳 辵 辵 辵 辵

辵

갈 착

용례 近(가까울 근) 迎(맞을 영) 進(나아갈 진) 逃(도망할 도)

고을 **읍**

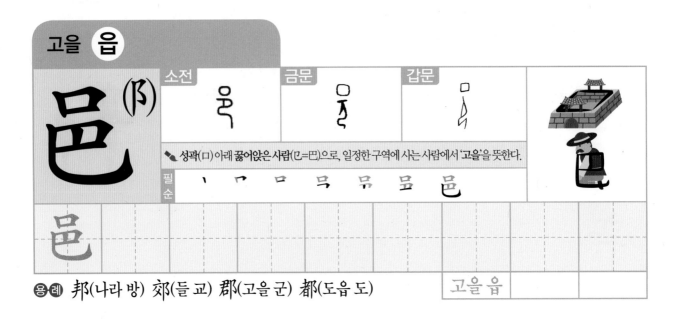

邑 (阝)	소전	금문	갑문	

✎ 성곽(口) 아래 꿇어앉은 사람(巴=巴)으로, 일정한 구역에 사는 사람에서 '고을'을 뜻한다.

필순　`ᐟ ᑊ ㅁ 목 목 뭄 邑`

邑

⊙용례 邦(나라 방) 郊(들 교) 郡(고을 군) 都(도읍 도)

고을 읍

닭/술그릇 **유**

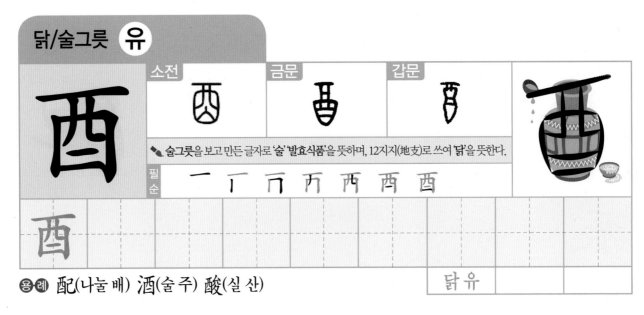

酉	소전	금문	갑문	

✎ 술그릇을 보고 만든 글자로 '술' '발효식품'을 뜻하며, 12지지(地支)로 쓰여 '닭'을 뜻한다.

필순　`一 丆 币 万 两 西 酉`

酉

⊙용례 配(나눌 배) 酒(술 주) 酸(실 산)

닭 유

분별할 **변**

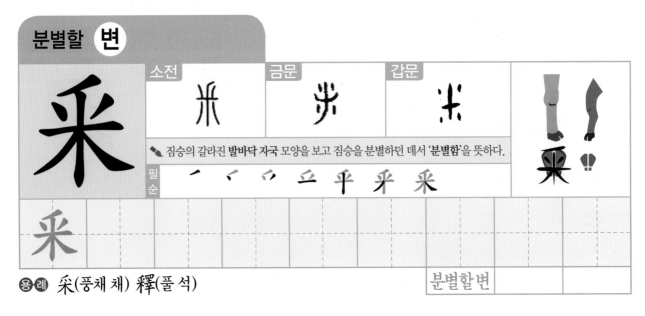

采	소전	금문	갑문	

✎ 짐승의 갈라진 발바닥 자국 모양을 보고 짐승을 분별하던 데서 '분별함'을 뜻한다.

필순　`ᐟ ᐟ ᐟ ◡ 平 釆 采`

采

⊙용례 采(풍채 채) 釋(풀 석)

분별할 변

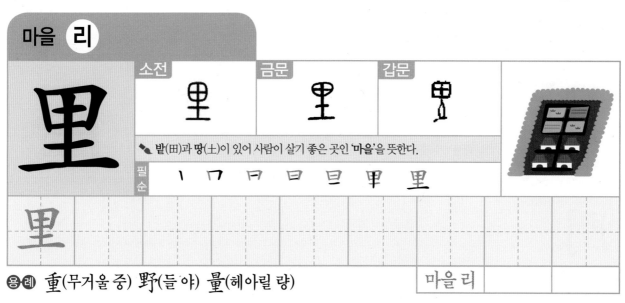

마을 리

里

소전

금문

갑문

✎ 밭(田)과 땅(土)이 있어 사람이 살기 좋은 곳인 **'마을'**을 뜻한다.

필순

里

용례 重(무거울 중) 野(들 야) 量(헤아릴 량)

마을 리

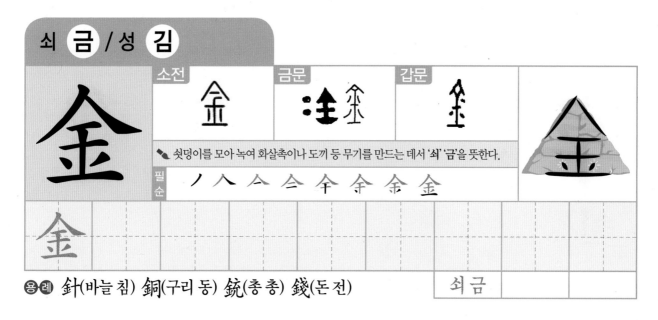

쇠 금 / 성 김

金

소전

금문

갑문

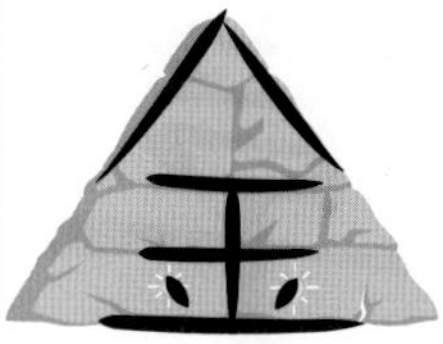

✎ 쇳덩이를 모아 녹여 화살촉이나 도끼 등 무기를 만드는 데서 **'쇠' '금'**을 뜻한다.

필순

金

용례 針(바늘 침) 銅(구리 동) 銃(총 총) 錢(돈 전)

쇠 금

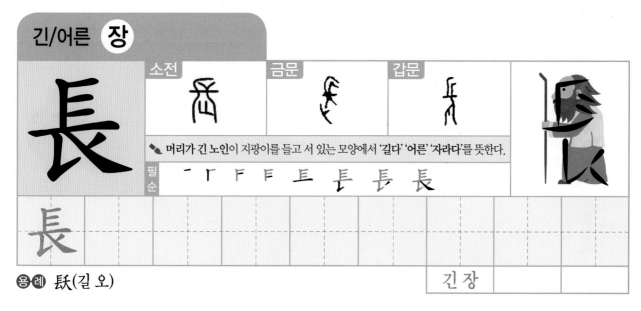

긴/어른 장

長

소전

금문

갑문

✎ 머리가 긴 노인이 지팡이를 들고 서 있는 모양에서 **'길다' '어른' '자라다'**를 뜻한다.

필순

長

용례 镸(길 오)

긴 장

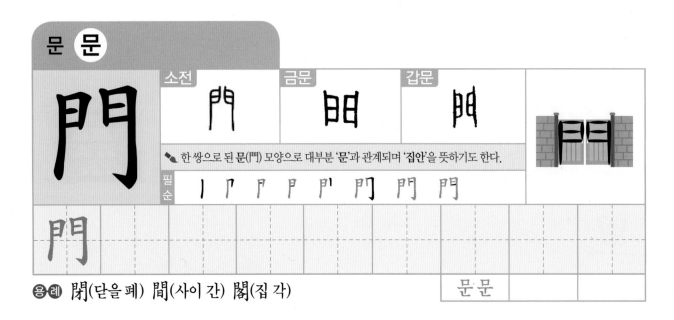

문 문

	소전	금문	갑문
門	門	𨳆	𨳇

🖎 한 쌍으로 된 문(門) 모양으로 대부분 '문'과 관계되며 '집안'을 뜻하기도 한다.

필순 丨 冂 冂 冃 冃 冃 門 門 門

門

용례 閉(닫을 폐) 間(사이 간) 閣(집 각)

문 문

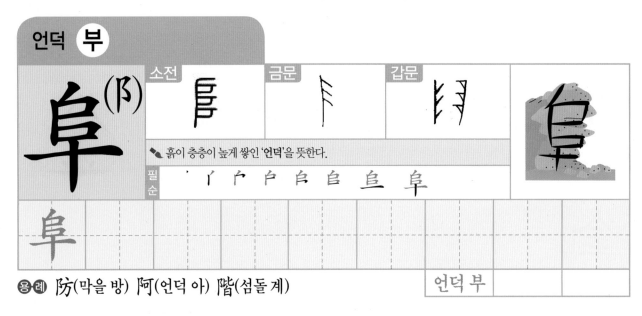

언덕 부

	소전	금문	갑문
阜 (阝)	𨸏	𨸐	𨸑

🖎 흙이 층층이 높게 쌓인 '언덕'을 뜻한다.

필순 丨 丿 冖 冃 白 皀 阜

阜

용례 防(막을 방) 阿(언덕 아) 階(섬돌 계)

언덕 부

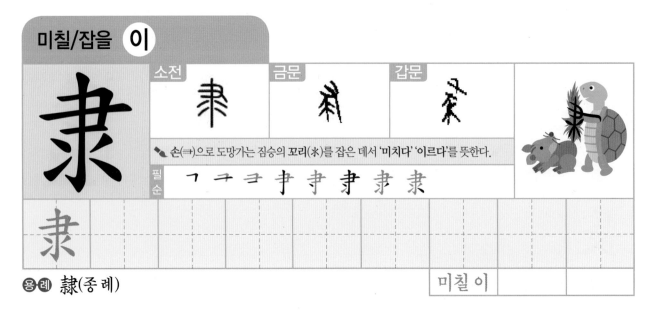

미칠/잡을 이

	소전	금문	갑문
隶	隶	隶	隶

🖎 손(⺕)으로 도망가는 짐승의 꼬리(米)를 잡은 데서 '미치다' '이르다'를 뜻한다.

필순 丁 丁 긔 肀 聿 隶 隶 隶

隶

용례 隸(종 례)

미칠 이

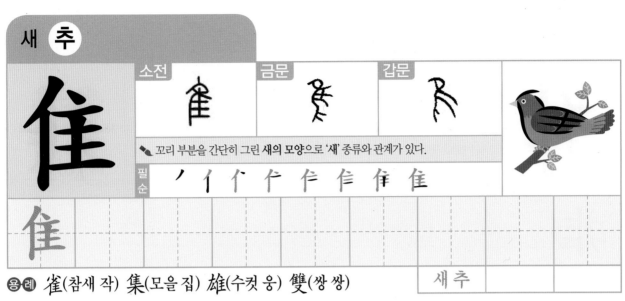

새 추

佳
佳

소전 / 금문 / 갑문

✎ 꼬리 부분을 간단히 그린 새의 모양으로 '새' 종류와 관계가 있다.

필순 ノ イ イ 亻 个 亻 仹 仹 佳 佳

용례 雀(참새 작) 集(모을 집) 雄(수컷 웅) 雙(쌍 쌍)

새 추

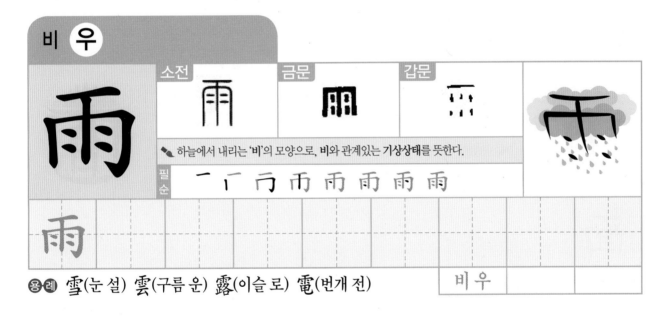

비 우

雨
雨

소전 / 금문 / 갑문

✎ 하늘에서 내리는 '비'의 모양으로, 비와 관계있는 기상상태를 뜻한다.

필순 一 一 厂 厂 币 币 雨 雨 雨

용례 雪(눈 설) 雲(구름 운) 露(이슬 로) 電(번개 전)

비 우

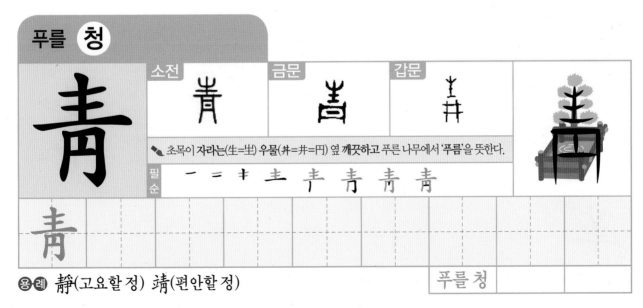

푸를 청

靑
靑

소전 / 금문 / 갑문

✎ 초목이 자라는(生=生) 우물(丼=井=円) 옆 깨끗하고 푸른 나무에서 '푸름'을 뜻한다.

필순 一 二 十 主 丰 青 青 青

용례 靜(고요할 정) 靖(편안할 정)

푸를 청

69

아닐 비

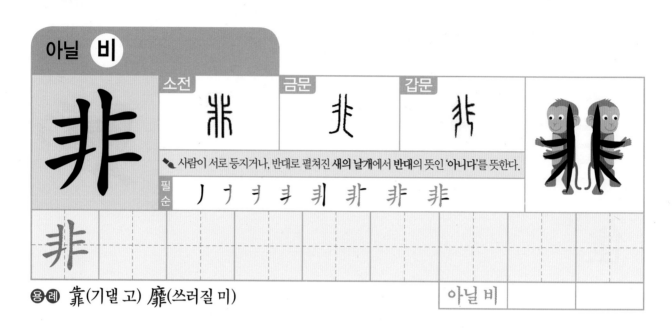

소전	금문	갑문

✎ 사람이 서로 등지거나, 반대로 펼쳐진 **새의 날개**에서 **반대**의 뜻인 '아니다'를 뜻한다.

필순　ノ ｊ ｊ ヨ ヨ ヨ 非 非 非

非

용례 靠(기댈 고) 靡(쓰러질 미)　　　　　아닐 비

낯/얼굴 면

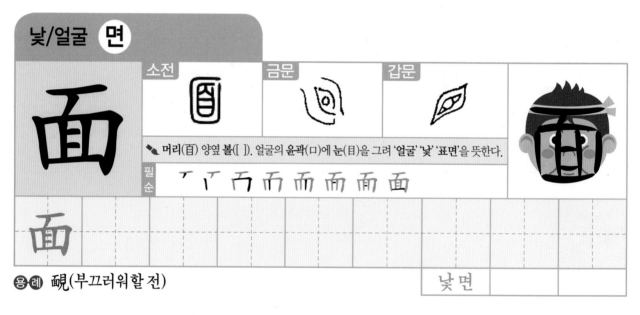

소전	금문	갑문

✎ 머리(百) 양옆 볼([ ]). 얼굴의 윤곽(口)에 눈(目)을 그려 '얼굴' '낯' '표면'을 뜻한다.

필순　丆 丆 丆 而 而 而 面 面

面

용례 靦(부끄러워할 전)　　　　　낯 면

가죽 혁

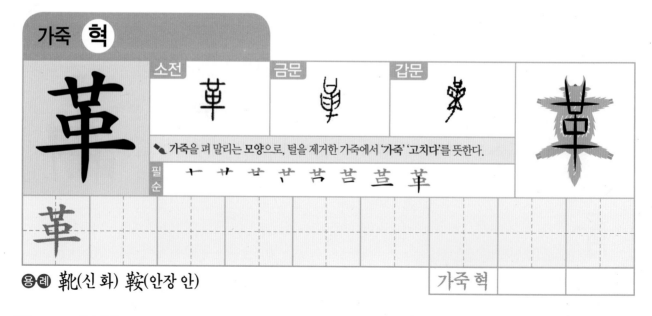

소전	금문	갑문

✎ 가죽을 펴 말리는 모양으로, 털을 제거한 가죽에서 '가죽' '고치다'를 뜻한다.

필순　十 廿 甘 甘 莒 苗 昔 革

革

용례 靴(신 화) 鞍(안장 안)　　　　　가죽 혁

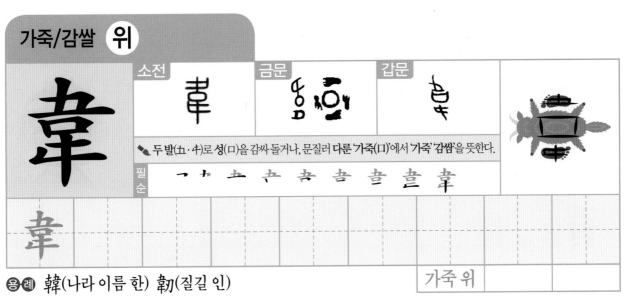

가죽/감쌀 위

두 발(夊·ヰ)로 성(口)을 감싸 돌거나, 문질러 다룬 '가죽(口)'에서 '가죽'·'감쌈'을 뜻한다.

필순: ㄱ ㄱ ㅗ 产 咅 咅 咅 亖 韋

韋

용례 韓(나라 이름 한) 靭(질길 인)

가죽 위

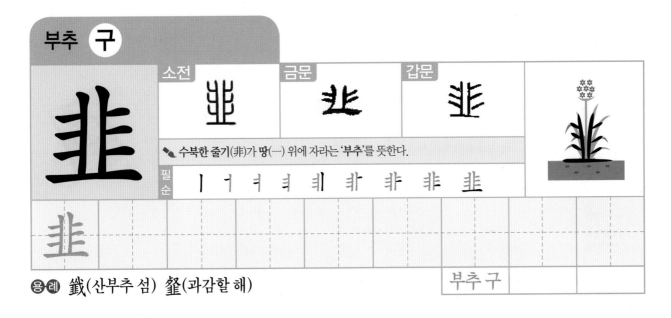

부추 구

수북한 줄기(非)가 땅(一) 위에 자라는 '부추'를 뜻한다.

필순: ㅣ ㅓ ㅓ ㅕ ㅕ 韭 韭 韭 韭

韭

용례 韱(산부추 섬) 韰(과감할 해)

부추 구

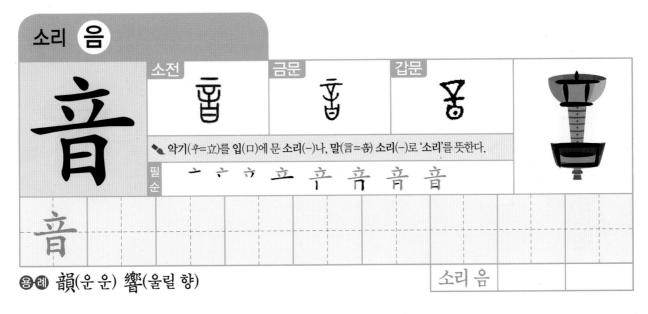

소리 음

악기(후=立)를 입(口)에 문 소리(一)나, 말(言=音) 소리(一)로 '소리'를 뜻한다.

필순: 一 ㅗ ㅗ 立 产 音 音 音

音

용례 韻(운 운) 響(울릴 향)

소리 음

71

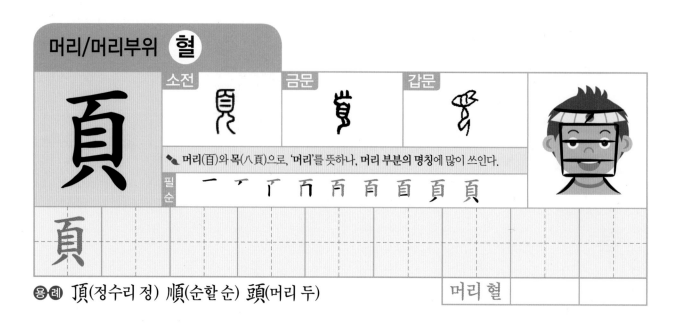

머리/머리부위	혈				
頁	소전	금문	갑문		

✎ 머리(首)와 목(八頁)으로, '머리'를 뜻하나, 머리 부분의 명칭에 많이 쓰인다.

필순: 一 一 一 丆 万 百 百 頁 頁

頁

용례 頂(정수리 정) 順(순할 순) 頭(머리 두)   머리 혈

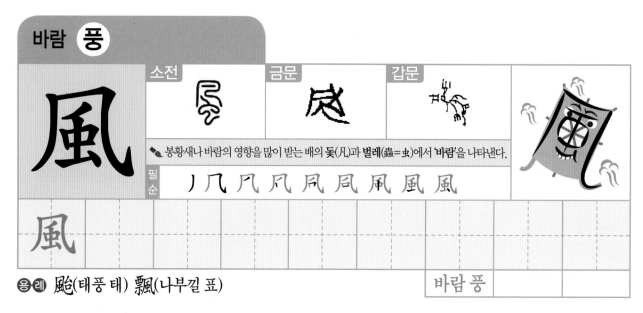

바람	풍				
風	소전	금문	갑문		

✎ 봉황새나 바람의 영향을 많이 받는 배의 돛(凡)과 벌레(蟲=虫)에서 '바람'을 나타낸다.

필순: 丿 几 几 凡 凡 凨 風 風 風

風

용례 颱(태풍 태) 飄(나부낄 표)   바람 풍

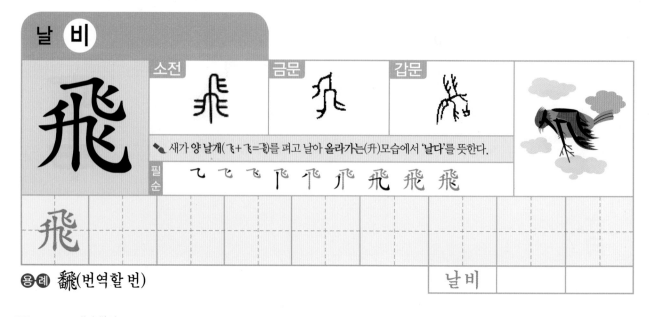

날	비				
飛	소전	금문	갑문		

✎ 새가 양 날개(飞+飞=飞)를 펴고 날아 올라가는(升)모습에서 '날다'를 뜻한다.

필순: 乙 飞 飞 飞 飛 飛 飛 飛 飛

飛

용례 飜(번역할 번)   날 비

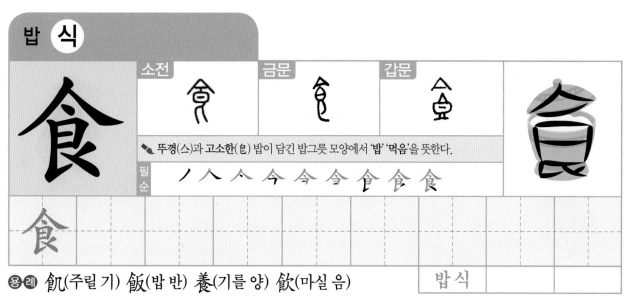

	소전	금문	갑문	
밥 **식** 食	食	食	仚	仚

✎ 뚜껑(스)과 고소한(皀) 밥이 담긴 밥그릇 모양에서 '밥' '먹음'을 뜻한다.

필순 ノ 人 亼 今 今 仓 食 食 食

食

용례 飢(주릴 기) 飯(밥 반) 養(기를 양) 飮(마실 음)

밥 식

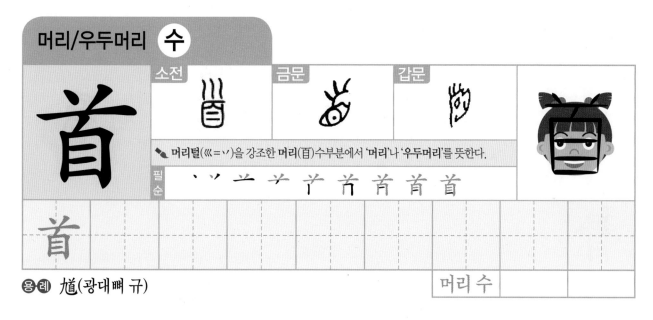

	소전	금문	갑문	
머리/우두머리 **수** 首	䁊	䭉	䭉	

✎ 머리털(巛=丷)을 강조한 머리(百)수부분에서 '머리'나 '우두머리'를 뜻한다.

필순 丶 丷 丷 ㅛ 产 首 首 首 首

首

용례 馗(광대뼈 규)

머리 수

	소전	금문	갑문	
향기 **향** 香	香	香	香	

✎ 곡식(黍=禾)을 그릇(曰)에 담아 달콤한(甘=曰) 향기를 맡는 데서 '향기'를 뜻한다.

필순 丿 二 千 千 禾 禾 香 香 香

香

용례 馝(향기 필) 馨(향기 형)

향기 향

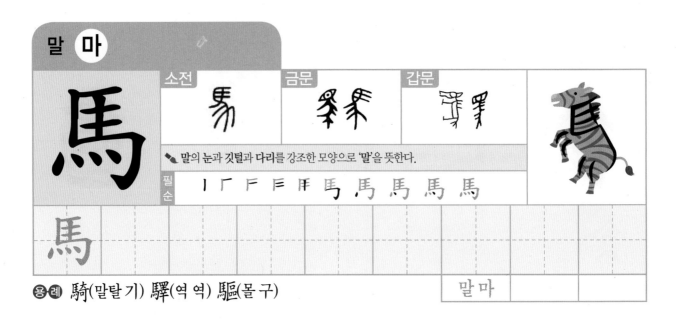

말 마

	소전	금문	갑문	
馬	馬			

✎ 말의 눈과 깃털과 다리를 강조한 모양으로 '말'을 뜻한다.

필순	丨 厂 F F 巨 馬 馬 馬 馬 馬

馬

용례 騎(말탈 기) 驛(역 역) 驅(몰 구)

말 마		

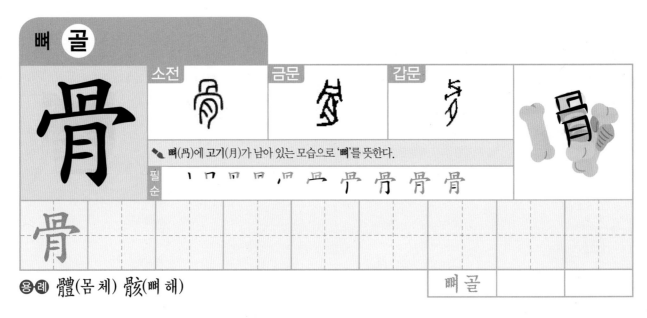

뼈 골

	소전	금문	갑문	
骨				

✎ 뼈(冎)에 고기(月)가 남아 있는 모습으로 '뼈'를 뜻한다.

필순	丨 冂 冂 冎 冎 骨 骨 骨 骨

骨

용례 體(몸 체) 骸(뼈 해)

뼈 골		

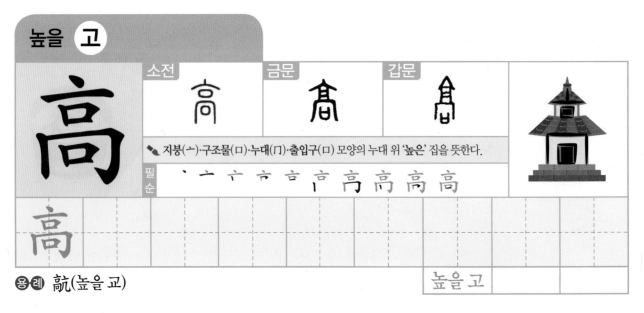

높을 고

	소전	금문	갑문	
高	高	高	高	

✎ 지붕(亠)·구조물(口)·누대(冂)·출입구(口) 모양의 누대 위 '높은' 집을 뜻한다.

필순	亠 亠 亠 广 古 古 宀 高 高 高 高

高

용례 髙(높을 교)

높을 고		

머리 늘어질 표 / 터럭 발

	소전	금문	갑문	

髟

✎ 길게(長=镸) 늘어진 **머리털**(彡)에서 '**머리 늘어짐**'을 뜻한다.

필순 丨 厂 厂 戶 镸 镸 長 長 長 髟 髟

髟

용례 髮(터럭 발) 髯(구레나룻 염)

머리늘어질표

싸울 투

	소전	금문	갑문	

鬥

✎ 두 사람이 마주서서 손을 들고 서로 엉겨 싸우는 모습에서 '**싸움**'을 뜻한다.

필순 丨 丨 F F F F F F F F 鬥

鬥

용례 鬧(시끄러울 료) 鬪(싸움 투)

싸울 투

술 / 울창주 창

	소전	금문	갑문	

鬯

✎ 곡식(米)을 그릇(凵) 안에 넣고 발효시켜 국자(匕)로 떠내던 '**울창주**'를 뜻한다.

필순 丿 乂 乂 乂 乂 乂 鬯 鬯 鬯 鬯

鬯

용례 鬱(답답할 울) 鬱(울금초 울)

술 창

75

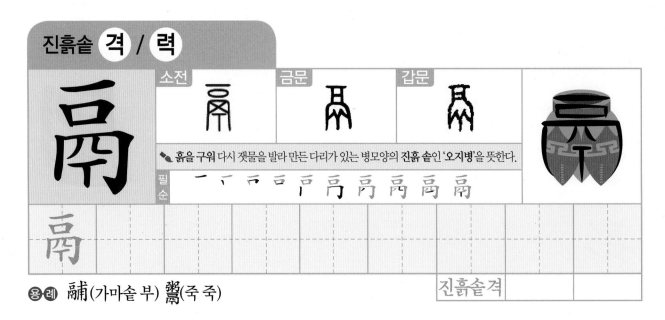

진흙솥 격 / 력

	소전	금문	갑문	
鬲				

✎ 흙을 구워 다시 잿물을 발라 만든 다리가 있는 병모양의 **진흙 솥**인 '**오지병**'을 뜻한다.

필순: 一 丆 丆 戸 戸 鬲 鬲 鬲 鬲 鬲

鬲					진흙솥 격

용례 鬴(가마솥 부) 鬻(죽 죽)

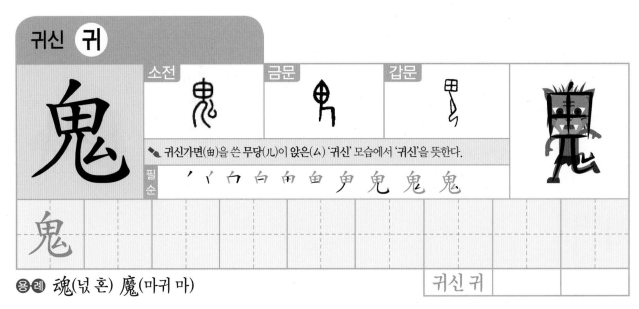

귀신 귀

	소전	금문	갑문	
鬼				

✎ 귀신가면(甶)을 쓴 무당(儿)이 앉은(厶) '귀신' 모습에서 '귀신'을 뜻한다.

필순: 丿 亻 白 白 甶 甶 尹 鬼 鬼 鬼

鬼					귀신 귀

용례 魂(넋 혼) 魔(마귀 마)

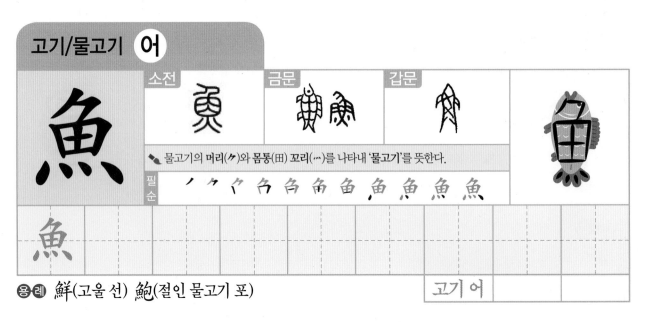

고기/물고기 어

	소전	금문	갑문	
魚				

✎ 물고기의 머리(⺈)와 몸통(田) 꼬리(灬)를 나타내 '물고기'를 뜻한다.

필순: 丿 ⺈ 夕 夕 名 备 魚 魚 魚 魚 魚

魚					고기 어

용례 鮮(고울 선) 鮑(절인 물고기 포)

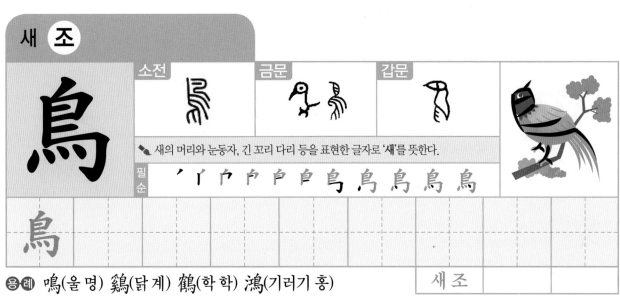

새 조

鳥

소전 / 금문 / 갑문

✎ 새의 머리와 눈동자, 긴 꼬리 다리 등을 표현한 글자로 '새'를 뜻한다.

필순 ´ ⺂ ⺆ ⺆ ⺆ 自 鳥 鳥 鳥 鳥 鳥

鳥

용례 鳴(울 명) 鷄(닭 계) 鶴(학 학) 鴻(기러기 홍)

새 조

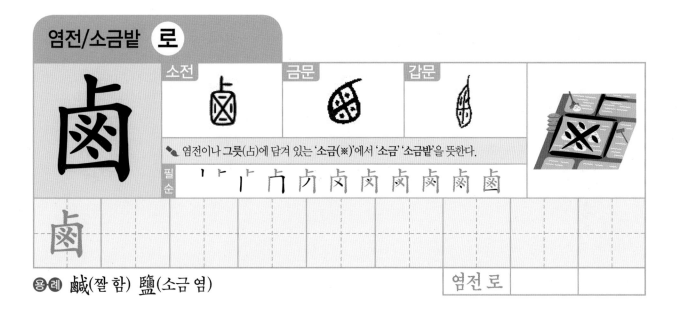

염전/소금밭 로

鹵

소전 / 금문 / 갑문

✎ 염전이나 그릇(占)에 담겨 있는 '소금(※)'에서 '소금' '소금밭'을 뜻한다.

필순 ` ⺊ ⺊ 占 卤 卤 鹵 鹵 鹵 鹵 鹵

鹵

용례 鹹(짤 함) 鹽(소금 염)

염전 로

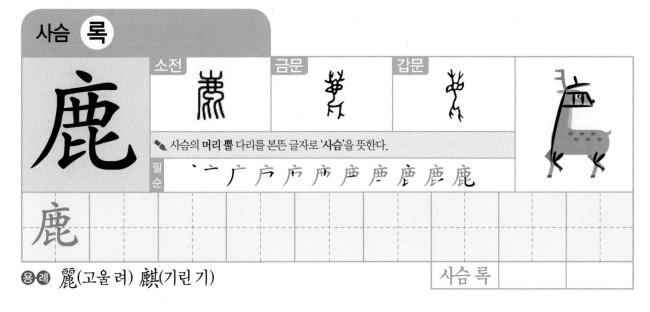

사슴 록

鹿

소전 / 금문 / 갑문

✎ 사슴의 머리 뿔 다리를 본뜬 글자로 '사슴'을 뜻한다.

필순 ` ⺈ 广 户 庐 庐 鹿 鹿 鹿 鹿 鹿

鹿

용례 麗(고울 려) 麒(기린 기)

사슴 록

77

보리 맥

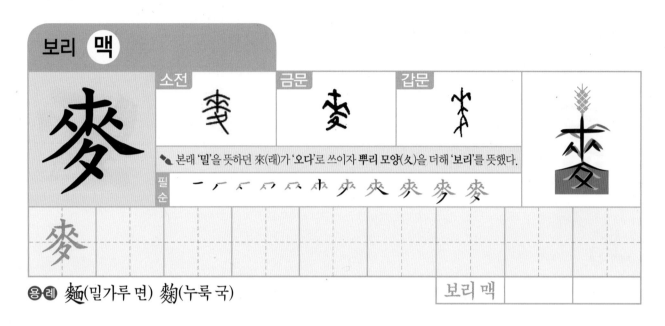

	소전	금문	갑문	
麥	夆	夆	夆	麥

✎ 본래 '밀'을 뜻하던 來(래)가 '오다'로 쓰이자 **뿌리 모양**(夊)을 더해 '보리'를 뜻했다.

필순: 一 ㄱ ㄎ ㄅ ㄅ 夾 夾 來 來 麥 麥

麥

용례 麵(밀가루 면) 麴(누룩 국)

보리 맥

삼 마

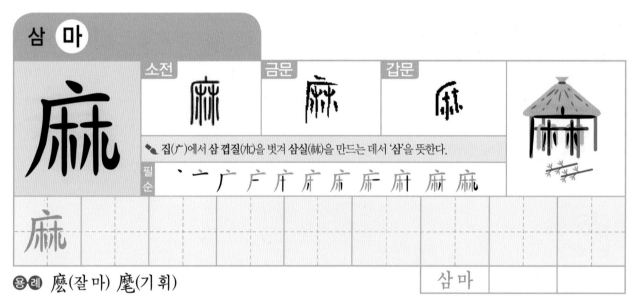

	소전	금문	갑문	
麻	麻	麻	麻	麻

✎ 집(广)에서 삼 껍질(朮)을 벗겨 삼실(枾)을 만드는 데서 '삼'을 뜻한다.

필순: 丶 一 广 广 庁 庁 麻 麻 麻 麻 麻

麻

용례 磨(갈 마) 麾(기 휘)

삼 마

누를 황

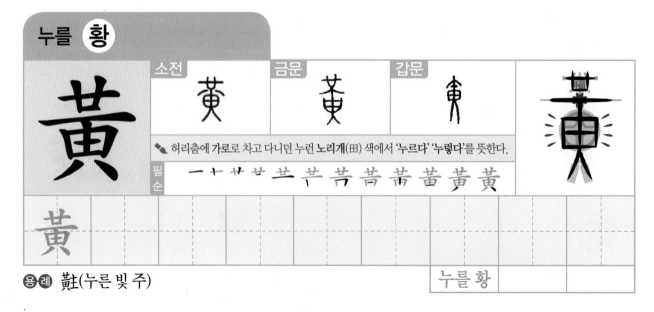

	소전	금문	갑문	
黃	黃	黃	黃	黃

✎ 허리춤에 가로로 차고 다니던 누런 노리개(田) 색에서 '누르다' '누렇다'를 뜻한다.

필순: 一 十 卅 廿 苧 苦 苦 苗 苗 黃 黃

黃

용례 黈(누른 빛 주)

누를 황

기장 **서**

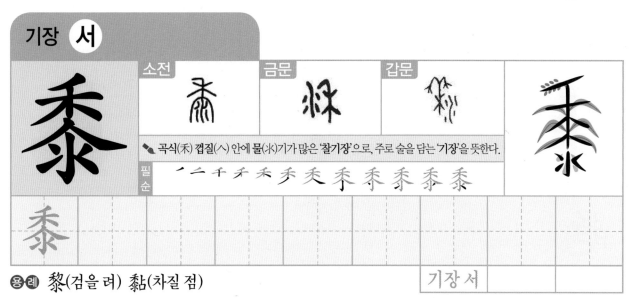

	소전	금문	갑문	

✎ 곡식(禾) 껍질(入) 안에 물(氺)기가 많은 '찰기장'으로, 주로 술을 담는 '기장'을 뜻한다.

필순 : `一 二 千 千 禾 禾 秂 黍 黍 黍 黍 黍`

黍

용례 黎(검을 려) 黏(차질 점)

기장 서

검을 **흑**

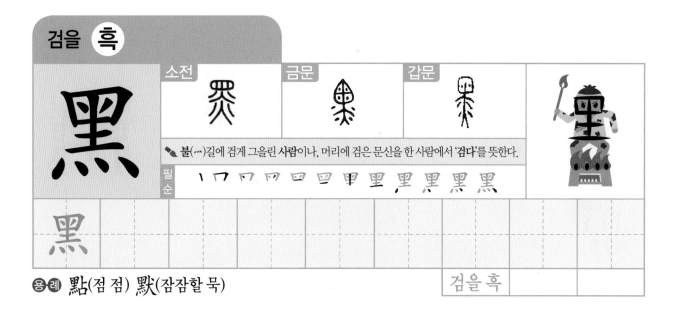

	소전	금문	갑문	

✎ 불(灬)길에 검게 그을린 사람이나, 머리에 검은 문신을 한 사람에서 '검다'를 뜻한다.

필순 : `丨 冂 冂 卬 卬 吧 嗯 里 里 黑 黑 黑`

黑

용례 點(점 점) 默(잠잠할 묵)

검을 흑

바느질/수놓을 **치**

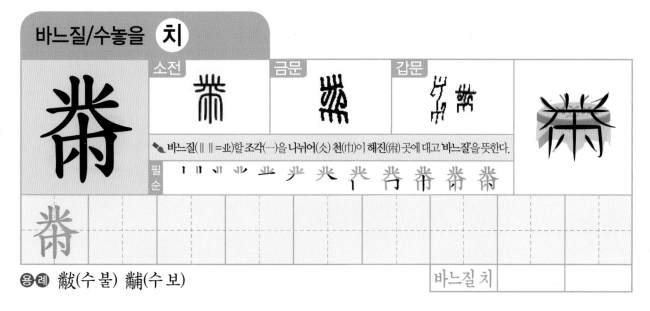

	소전	금문	갑문	

✎ 바느질(‖‖=丵)할 조각(一)을 나뉘어(八) 천(巾)이 해진(黹) 곳에 대고 '바느질'을 뜻한다.

필순 : `丨丨 丨丬 业 业 㞢 㞢 光 黹 黹 黹 黹`

黹

용례 黻(수 불) 黼(수 보)

바느질 치

맹꽁이 맹 / 힘쓸 민

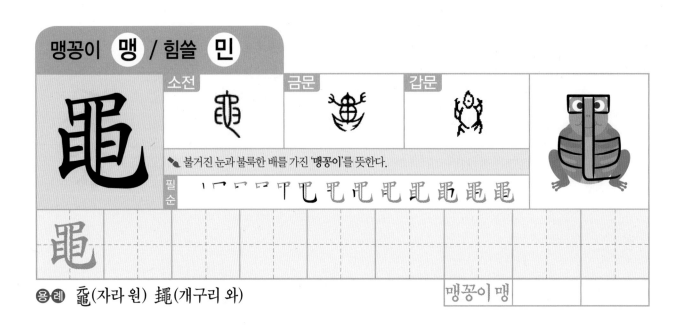

	소전	금문	갑문	
黽				

✎ 불거진 눈과 불룩한 배를 가진 '맹꽁이'를 뜻한다.

필순: 黽 (필순 전개)

黽

용례 鼀(자라 원) 鼃(개구리 와)

맹꽁이 맹

솥 정

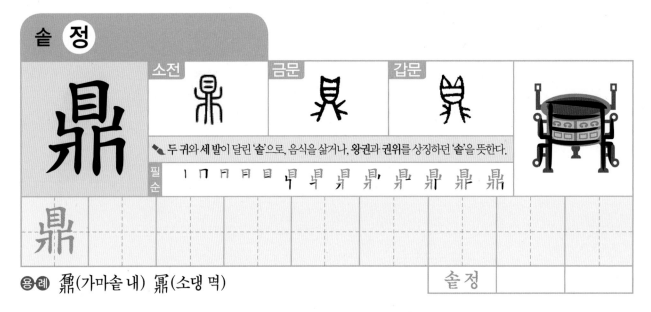

	소전	금문	갑문	
鼎				

✎ 두 귀와 세 발이 달린 '솥'으로, 음식을 삶거나, 왕권과 권위를 상징하던 '솥'을 뜻한다.

필순: 鼎 (필순 전개)

鼎

용례 鼐(가마솥 내) 鼏(소댕 멱)

솥 정

북 고

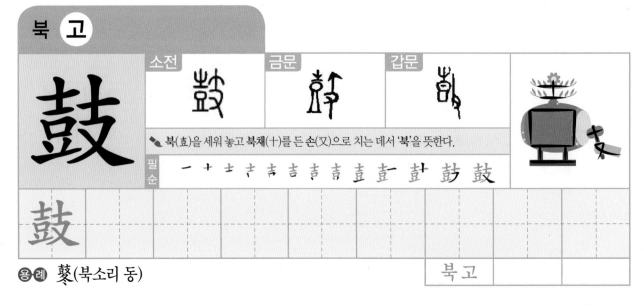

	소전	금문	갑문	
鼓				

✎ 북(壴)을 세워 놓고 북채(十)를 든 손(又)으로 치는 데서 '북'을 뜻한다.

필순: 鼓 (필순 전개)

鼓

용례 鼕(북소리 동)

북 고

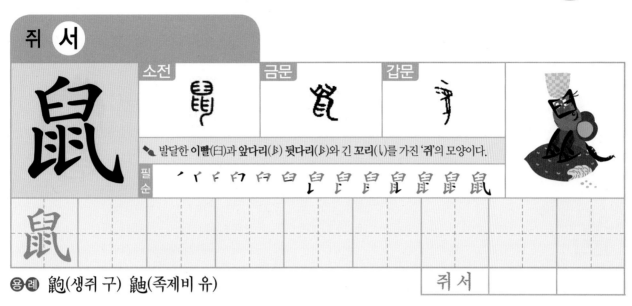

쥐 서

발달한 이빨(臼)과 앞다리(爫) 뒷다리(爫)와 긴 꼬리(乚)를 가진 '쥐'의 모양이다.

용례 鼩(생쥐 구) 鼬(족제비 유)

쥐 서

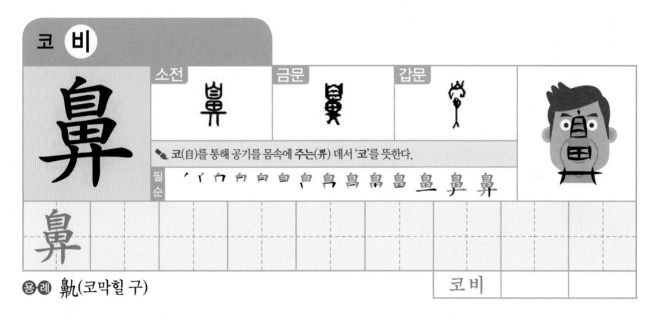

코 비

코(自)를 통해 공기를 몸속에 주는(畀) 데서 '코'를 뜻한다.

용례 鼽(코막힐 구)

코 비

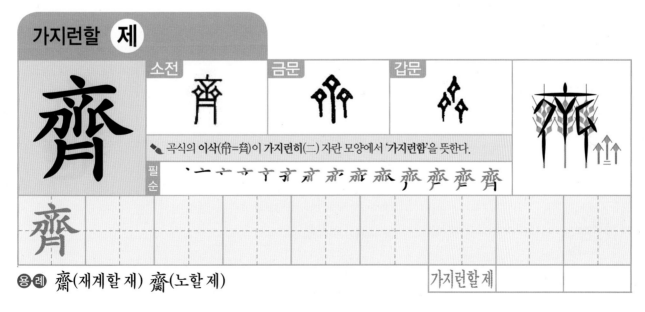

가지런할 제

곡식의 이삭(𠂤=𠂤)이 가지런히(二) 자란 모양에서 '가지런함'을 뜻한다.

용례 齋(재계할 재) 齋(노할 제)

가지런할제

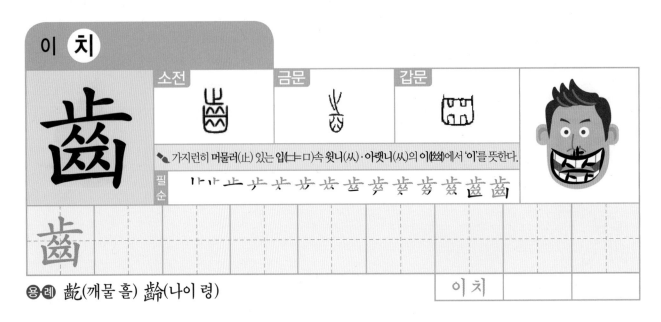

이 치

	소전	금문	갑문	
齒				

✎ 가지런히 머물러(止) 있는 입(ᅟ=口)속 윗니(ᄴ)·아랫니(ᄴ)의 이(ᄴᄴ)에서 '이'를 뜻한다.

필순: 齒齒

齒

용례 齕(깨물 흘) 齡(나이 령)

이 치

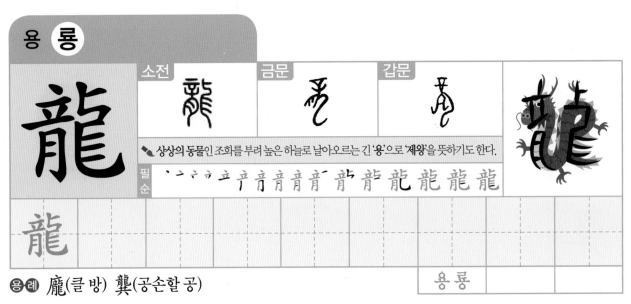

용 룡

	소전	금문	갑문	
龍				

✎ 상상의 동물인 조화를 부려 높은 하늘로 날아오르는 긴 '용'으로 '제왕'을 뜻하기도 한다.

필순: 龍龍龍龍

龍

용례 龐(클 방) 龔(공손할 공)

용 룡

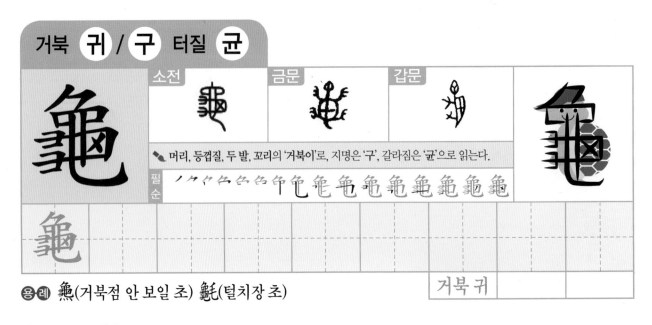

거북 귀 / 구 터질 균

	소전	금문	갑문	
龜				

✎ 머리, 등껍질, 두 발, 꼬리의 '거북이'로, 지명은 '구', 갈라짐은 '균'으로 읽는다.

필순: 龜龜龜龜龜龜

龜

용례 鼀(거북점 안 보일 초) 龝(털치장 초)

거북 귀

| 피리 **약** | | | |

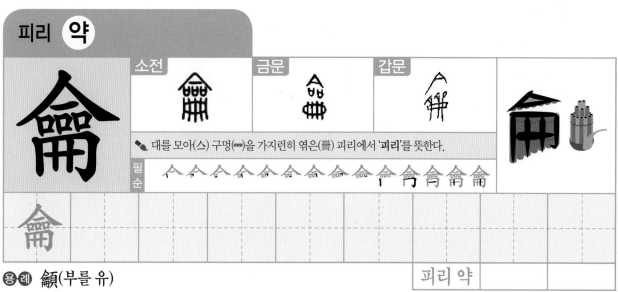

| 소전 | 금문 | 갑문 |

🖊 대를 모아(亼) 구멍(ㅁㅁ)을 가지런히 엮은(冊) 피리에서 '**피리**'를 뜻한다.

필순 亼 亼 亼 亼 龠 龠 龠 龠 龠 龠 丶 宀 合 龠 龠 龠

龠

용례 籲(부를 유)

| | | | | 피리 약 | |

83

부수박사

- 부수 명칭 및 뜻
- 부수 음훈 달기
- 부수 쓰기

부 수	명 칭	뜻	활용 한자	
一	한 **일**	하나, 첫째, 경계선, 오로지	丘 언덕 구	七 일곱 칠
丨	뚫을 **곤**	통하다, 세움, 물러섬	中 가운데 중	串 꿸 관
丶	불똥 **주** 점 **주**	점, 표시, 작은 물건, 물방울, 등불	丸 둥글 환	丹 붉을 단
丿	삐침 **별**	삐치다, 벗어남	之 갈 지	久 오랠 구
乙(乚)	새 **을** 굽을 **을**	새, 굽음, 새싹	乞 빌 걸	九 아홉 구
亅	갈고리 **궐**	갈고리, 꿰어 달다	了 마칠 료	事 일 사
二	두 **이**	거듭, 둘, 나란함	五 다섯 오	井 우물 정

부 수	명 칭	뜻	활용 한자	
亠	돼지해머리 **두** 높을 **두**	머리, 높다, 지붕	京 서울 경	交 사귈 교
人 (亻)	사람 **인**	사람, 타인	他 다를 타	企 바랄 기
儿	걷는 사람 **인** 어진 사람 **인**	사람, 다리, 걸어감	兒 아이 아	先 먼저 선
入	들 **입**	들어가다, 통로	內 안 내	全 온전 전
八	여덟 **팔** 나눌 **팔**	나누다, 여덟	公 공평할 공	兵 군사 병
冂	멀 **경** 들 **경**	멀다, 들판, 비어 있다	冊 책 책	再 두 재
冖	덮을 **멱**	덮다, 감싸다, 지붕	冠 갓 관	冥 어두울 명

부 수	명 칭	뜻	활용 한자	
冫	얼음 **빙**	얼음, 춥다, 겨울	冬 겨울 동	凍 얼 동
几	안석(案席) **궤** 책상 **궤**	책상, 신중하다	凰 봉황새 황	凱 즐길 개
凵	입벌릴 **감** 위터진 입 **구**	그릇, 위가 벌어짐	凶 흉할 흉	出 날 출
刀 (刂)	칼 **도**	칼, 무기, 자르다, 찌르다	分 나눌 분	刊 새길 간
力	힘 **력**	노력, 용기, 부지런함, 일	加 더할 가	助 도울 조
勹	쌀 **포** 감쌀 **포**	싸다, 껴안다, 굽히다	包 쌀 포	勿 말 물
匕	비수 **비**	칼, 숟가락, 변화하다	化 될 화	北 북녘 북

부 수	명 칭	뜻	활용 한자	
ㄷ	상자 **방**	그릇, 상자	匠 장인 장	匣 갑 갑
ㄸ	감출 **혜**	숨다, 덮다, 보호하다	匹 짝 필	區 구분할 구
十	열 **십**	많다, 온전하다, 충분하다	千 일천 천	午 낮 오
卜	점 **복** 점칠 **복**	점치다, 기대하다, 선택하다	卞 성 변	占 점칠 점
卩 (㔾)	병부 **절** 신표 **절**	굽힘, 뼈마디, 벼슬	危 위태할 위	印 도장 인
厂	언덕 **엄** 절벽 **한**	언덕, 집, 바위 밑, 굴	厚 두터울 후	原 언덕 원
厶	사사로울 **사**	나, 개인, 농기구 모양	去 갈 거	參 참여할 참

부 수	명 칭	뜻	활용 한자	
又	또 우	손, 돕다, 다시	及 미칠 급	友 벗 우
口	입 구	입, 말하다, 사람, 구멍, 어귀	問 물을 문	吐 토할 토
口	에울 위	에워싸다, 경계, 국경	四 넉 사	囚 가둘 수
土	흙 토	땅, 평지, 근본, 뿌리, 장소	在 있을 재	地 땅 지
士	선비 사	선비, 군사, 남자, 일	壯 씩씩할 장	壻 사위 서
夂	뒤져올 치	걷다, 뒤떨어져 옴, 늦음	夆 끌 봉	夃 팔 고
夊	천천히 걸을 쇠	걷다, 안전하게 걸음	夏 여름 하	夌 언덕 릉

부수	명칭	뜻	활용 한자	
夕	저녁 **석**	저녁, 밤, 잠자리, 주기	外 바깥 외	夜 밤 야
大	큰 **대**	크다, 존경, 사람 모양, 심하다	夫 지아비 부	夾 낄 협
女	계집 **녀**	여자, 딸, 예쁘다, 약함, 질투	姑 시어미 고	妨 방해할 방
子	아들 **자**	아들, 열매, 결실, 아이의 행동	字 글자 자	孝 효도 효
宀	집 **면**	집, 지붕, 주거, 집과 관련 있는 행동	宇 집 우	守 지킬 수
寸	마디 **촌**	손, 짧은 길이, 조금, 법, 촌수	寺 절 사	封 봉할 봉
小	작을 **소**	작음, 적음, 젊음, 소인, 어림	尖 뾰족할 첨	少 적을 소

부 수	명 칭	뜻	활용 한자	
尢	절름발이 **왕**	약함, 굽다	尤 더욱 우	就 나아갈 취
尸	주검 **시** 시동 **시**	주검, 머무름, 사람의 몸, 집	尾 꼬리 미	屋 집 옥
屮	싹날 **철** 왼손 **좌**	풀싹, 식물, 봄, 새 생명	屯 진칠 둔	岕 싹틀 분
山	메 **산**	산악의 종류, 높다, 산의 모양	岳 큰산 악	崔 높을 최
川 (巛)	내 **천**	강, 물, 순리, 흐름	巡 돌 순	州 고을 주
工	장인 **공**	만들다, 장인, 도구	巨 클 거	左 왼 좌
己	몸 **기** 중심 **기**	자기, 사람, 몸	巳 이미 이	巷 거리 항

부 수	명 칭	뜻	활용 한자	
巾	수건 **건**	천, 옷감, 수건, 헝겊	市 저자 시	希 바랄 희
干	방패 **간**	막음, 전쟁, 범하다, 간섭하다	平 평평할 평	幸 다행 행
幺	작을 **요**	작음, 어림, 약함	幼 어릴 유	幽 그윽할 유
广	집 **엄** 곳집 **엄**	집, 관청, 허름한 집, 마룻대	府 마을 부	店 가게 점
廴	길게걸을 **인**	도로, 걷다, 행동	廷 조정 정	廻 돌 회
廾	두손 **공** 들 **공**	들다, 두 손	弁 고깔 변	弄 희롱할 롱
弋	주살 **익**	사냥, 말뚝, 잡다	式 법 식	弑 죽일 시

부 수	명 칭	뜻	활용 한자	
弓	활 **궁**	활, 무기, 측량	弘 클 홍	引 끌 인
크 (彑)	돼지머리 **계**	돼지 머리, 짐승	彙 무리 휘	彗 살별 혜
彡	터럭 **삼** 무늬 **삼**	털, 수염, 장식, 가지런함, 색깔	形 모양 형	影 그림자 영
彳	걸을 **척**	거리, 동작, 걷다	往 갈 왕	征 칠 정
(忄·㣺) 心	마음 **심**	마음, 성품, 심리, 생각, 근본	志 뜻 지	悅 기쁠 열
戈	창 **과**	창, 무기, 전쟁	我 나 아	戍 수자리 수
戶	외짝문 **호** 집 **호**	집, 방, 살다, 문, 사람	房 방 방	所 바 소

부 수	명 칭	뜻	활용 한자	
手(扌)	손 **수**	손, 일, 재주, 손 동작	打 칠 타	掌 손바닥 장
支	가지 **지** 지탱할 **지**	지탱하다, 가지, 지급하다	赦 메주 시	攲 기울 기
攴(攵)	칠 **복** 다스릴 **복**	치다, 강제하는 일, 회초리	敲 두드릴 고	攻 칠 공
文	글월 **문** 무늬 **문**	무늬, 문체, 문자, 책	斑 아롱질 반	斌 빛날 빈
斗	말 **두** 구기 **두**	용량, 말, 그릇, 별	料 헤아릴 료	斜 비낄 사
斤	도끼 **근** 날 **근**	무게, 저울, 물리침, 도끼	斧 도끼 부	斥 물리칠 척
方	모 **방** 이방인 **방**	방향, 장소, 나라, 방법, 깃발	族 겨레 족	旗 기 기

부 수	명 칭	뜻	활용 한자	
无 (旡)	없을 **무** 이미 **기**	없음, 부정, 숨막히다	旡 이미 기	悢 슬플 량
日	날 **일** 해 **일**	낮, 날짜, 밝음, 해	旦 아침 단	明 밝을 명
曰	말할 **왈** 가로 **왈**	말하다, 입, 혀, 소문	曲 굽을 곡	書 글 서
月	달 **월**	달, 세월, 자연, 기간	朝 아침 조	朗 밝을 랑
木	나무 **목**	나무, 식물, 자연, 목재	松 소나무 송	果 실과 과
欠	하품 **흠**	입 벌림, 부족하다	歌 노래 가	飮 마실 음
止	그칠 **지** 발 **지**	막다, 머무르다, 살다, 발	正 바를 정	步 걸음 보

부수	명칭	뜻	활용 한자	
歹(歺)	뼈 앙상할 **알** **대** **태**	죽음, 재난, 뼈	殃 재앙 앙	殊 다를 수
殳	몽둥이 **수** 창 **수**	창, 몽둥이, 치다	殷 은나라 은	殺 죽일 살
毋	말 **무**	없다, 금지, 지킴	每 매양 매	毒 독 독
比	견줄 **비** 나란할 **비**	견주다, 나란하다	毗 도울 비	毖 삼갈 비
毛	털 **모** 터럭 **모**	털, 풀, 조금	毬 공 구	毫 터럭 호
氏	성씨 **씨** 각시 **씨**	성, 씨족, 뿌리	民 백성 민	氐 근본 저
气	기운 **기**	기운, 기후, 공기, 자연	氣 기운 기	氛 기운 분

부 수	명 칭	뜻	활용 한자	
水 (氵·氺)	물 **수**	물, 강 이름, 순리, 액체	江 강 강	洋 큰 바다 양
火 (灬)	불 **화**	불, 급하다, 열, 요리하다	烈 매울 렬	炎 불꽃 염
爪 (爫)	손톱 **조**	손, 손톱, 일	爭 다툴 쟁	爲 할 위
父	아버지 **부**	가장, 친부모, 남자 존칭	爸 아비 파	爹 아비 다
爻	점괘 **효** 사귈 **효** 얽을 **효**	변화, 교제, 점괘	爽 시원할 상	爾 너 이
爿	조각 **장** 널 **장**	판목, 마루, 조각, 평상	牀 평상 상	牆 담 장
片	조각 **편**	판목, 조각, 작은 것	版 판목 판	牌 패 패

부 수	명 칭	뜻	활용 한자	
牙	어금니 **아**	깃발, 치아, 짐승	牚 버틸 탱	齦 깨물 간
牛	소 **우**	소, 희생, 고집, 가축, 순함	牟 성 모	牧 칠 목
犬 (犭)	개 **견**	개, 짐승, 낮춤, 충성	猒 물릴 염	狗 개 구
玄	검을 **현** 가물거릴 **현**	검다, 높다, 하늘 빛	兹 이 자	率 거느릴 솔
玉	구슬 **옥**	귀함, 옥의 종류, 최고	珠 구슬 주	理 다스릴 리
瓜	외 **과** 오이 **과**	덩굴 식물, 혼기, 나이, 오이	瓢 바가지 표	瓠 박 호
瓦	기와 **와**	기와, 벽돌, 질그릇	甑 시루 증	瓶 병 병

부 수	명 칭	뜻	활용 한자	
甘	달 **감**	달다, 맛이 좋음, 반가움	甚 심할 심	甛 달 첨
生	날 **생**	탄생, 생명, 활기	産 낳을 산	甥 생질 생
用	쓸 **용**	작용, 용도, 쓰임, 일	甫 클 보	甬 길 용
田	밭 **전**	사냥, 생업, 심다, 농사	申 펼 신	界 지경 계
疋	발 **소** 필 **필** 짝 **필**	발, 바르다, 짝	疏 소통할 소	疑 의심할 의
疒	병질 **녁**	병, 치료, 나쁘다	病 병 병	疾 병질
癶	걸음 **발** 등질 **발** 필 **발**	걷다, 등지다, 오르다	登 오를 등	發 필 발

부 수	명 칭	뜻	활용 한자	
白	흰 백	희다, 밝다, 고백하다, 말하다	的 과녁 적	皇 임금 황
皮	가죽 피 겉 피	가죽, 껍질, 겉	皯 기미 낄 간	皺 주름 추
皿	그릇 명	그릇, 덮개, 생활 용기	盆 동이 분	盛 성할 성
目	눈 목	눈, 보다, 중요하다, 조목	眼 눈 안	看 볼 간
矛	창 모 긴창 모	창, 무기, 방어	矜 자랑할 긍	矞 송곳질할 율
矢	화살 시	화살, 사냥, 곧음, 맹세	知 알 지	短 짧을 단
石	돌 석	돌, 단단하다, 쓸모 없음, 단위	砂 모래 사	硯 벼루 연

부 수	명 칭		뜻	활용 한자	
示 (礻)	보일 제단	시 시	보이다, 신, 알리다	神 귀신 신	祀 제사 사
内	짐승 발자국 긴 자루	유 구	짐승 발자국, 짐승, 행동	禹 성 우	禽 새 금
禾	벼	화	벼, 곡식, 농사	移 옮길 이	秀 빼어날 수
穴	구멍 굴	혈 혈	구멍, 굴, 무덤, 숨김	空 빌 공	窓 창 창
立	설	립	서다, 즉시, 세우다	竝 나란히 병	童 아이 동
竹	대	죽	대나무, 관악기, 대그릇, 절개	箕 키 기	筆 붓 필
米	쌀	미	쌀, 곡식, 길이(meter)	粉 가루 분	粒 낟알 립

부 수	명 칭	뜻	활용 한자	
糸 (糹)	실 **사** 실 **멱**	실, 작다, 세밀하다, 직물, 색	紀 벼리 기	紅 붉을 홍
缶	장군 **부** 액체그릇 **부**	도기, 악기, 항아리, 모자라다	缸 항아리 항	缺 이지러질 결
网 (罒)	그물 **망**	그물, 잡음, 숨김, 법	罪 허물 죄	羅 벌릴 라
羊 (⺶)	양 **양**	양, 희생, 상서롭다, 음식물	美 아름다울 미	義 옳을 의
羽	깃 **우**	새의 날개, 날다, 깃털	習 익힐 습	翁 늙은이 옹
老 (耂)	늙을 **로**	노인, 익숙함, 어른, 존경, 뜻이 깊다	考 생각할 고	者 놈 자
而	말이을 **이** 수염 **이**	수염 모양, 끝, 인연	耐 견딜 내	耑 시초 단

부수	명칭	뜻	활용 한자	
耒	쟁기 (뢰)	쟁기, 경작, 농사 활동, 농기구	耕 밭갈 경	耙 써레 파
耳	귀 (이)	귀, 듣다, 듣는 활동	聖 성인 성	聞 들을 문
聿	붓 (율) 세울 (율)	붓, 쓰다, 따르다	肇 비롯할 조	肅 엄숙할 숙
肉 (月)	고기 (육)	고기, 신체 부분, 몸	肝 간 간	肖 닮을 초
臣	신하 (신) 노예 눈 (신)	신하, 보는 눈, 백성, 자기의 겸칭	臥 누울 와	臨 임할 림
自	스스로 (자) 코모양 (자)	코, 스스로, 자기, 시작	臭 냄새 취	臬 말뚝 얼
至	이를 (지)	도착, 지극하다, 꼭 맞음	致 이를 치	臺 대 대

부수	명칭	뜻	활용 한자	
臼	절구 **구**	절구, 양손, 허물	與 더불 여	臿 가래 삽
舌	혀 **설**	혀, 맛, 말	舍 집 사	舒 펼 서
舛	어그러질 **천**	어수선하다, 혼잡, 섞이다	舜 순임금 순	舞 춤출 무
舟	배 **주**	배, 항해, 쟁반	船 배 선	航 배 항
艮	그칠 **간** 괘이름 **간**	정지, 어려움, 머물다, 풀다	艱 어려울 간	良 어질 량
色	빛 **색**	빛, 안색, 여색, 갈래, 성내다	艴 발끈할 불	艶 고울 염
艸 (⺿)	풀 **초**	풀, 식물, 생명, 푸름	芥 겨자 개	芳 꽃다울 방

부수	명칭		뜻	활용 한자	
虎	범	호	범, 범의 문채, 맹수, 사나움	虐 모질 학	處 곳 처
虫	벌레 벌레	충 훼	벌레, 곤충, 파충류, 갑각류	蜂 벌 봉	虹 무지개 홍
血	피	혈	피, 골육, 전투	衆 무리 중	衄 코피 뉵
行	다닐 항렬	행 항	다니다, 행실, 여행	衍 넓을 연	街 거리 가
衣(衤)	옷	의	옷, 감싸다, 덮다, 행하다	裳 치마 상	裏 속 리
襾(西)	덮을	아	덮다, 가리다, 숨기다	西 서녘 서	要 요긴할 요
見	볼 뵈올	견 현	보다, 드러내다, 의견, 당하다	規 법 규	視 볼 시

부수	명 칭	뜻	활용 한자	
角	뿔 **각**	뿔, 술잔, 상투, 견주다	觚 술잔 고	解 풀 해
言	말씀 **언**	말, 언어 활동, 문장, 훈계	計 꾀 계	訓 가르칠 훈
谷	골 **곡**	골짜기, 굽음, 막힘, 좁은길	谿 시내 계	谼 큰골 홍
豆	제기 **두** 콩 **두**	콩, 제기 이름, 그릇, 작음	豈 어찌 기	豐 풍년 풍
豕	돼지 **시**	짐승, 사나움, 살찌다	豚 돼지 돈	豪 호걸 호
豸	해태 **태** 맹수 **치** 벌레 **치**	날쌘 동물, 벌레	豹 표범 표	貌 모양 모
貝	조개 **패**	조개, 재물, 돈	財 재물 재	貧 가난할 빈

부 수	명 칭	뜻	활용 한자	
赤	붉을 **적**	붉다, 없다, 벌거숭이	赦 용서할 사	赫 빛날 혁
走	달릴 **주**	달아나다, 달리다, 행동	起 일어날 기	赴 다다를 부
足	발 **족**	발, 만족, 넉넉함, 발의 활동	趾 발 지	踐 밟을 천
身	몸 **신**	몸, 잉태하다	躬 몸 궁	軀 몸 구
車	수레 **거** 수레 **차**	수레, 운반, 여행, 군대	軍 군사 군	輕 가벼울 경
辛	매울 **신**	고생하다, 다, 죄인	辜 허물 고	辨 분별할 변
辰	별 **진** 조개껍질 **진**	농사, 때, 별, 태어나다	辱 욕될 욕	農 농사 농

부 수	명 칭	뜻	활용 한자	
辵 (辶·辶)	쉬엄쉬엄갈 **척** 갈 **착**	걷는 활동, 가다, 거리(사이)	近 가까울 근	迎 맞을 영
邑 (阝)	고을 **읍**	고을, 마을, 서울, 행정 구역	邦 나라 방	郡 고을 군
酉	닭 **유** 술그릇 **유**	술, 닭, 술병, 발효 식품	酒 술 주	醉 취할 취
釆	분별할 **변**	분별하다, 캐다, 꾸미다	采 풍채 채	釋 풀 석
里	마을 **리**	마을, 행정 구역, 살다, 거리 단위	重 무거울 중	野 들 야
金	쇠 **금** 성 **김**	화폐, 귀중하다, 견고하다	銅 구리 동	針 바늘 침
長	긴 **장** 어른 **장**	길다, 멀다, 잘하다, 어른	镺 길 오	镻 살무사 질

부 수	명 칭	뜻	활용 한자	
門	문 **문**	문, 출입구, 정수리, 가문, 배움터	閉 닫을 폐	閑 한가할 한
阜 (阝)	언덕 **부**	언덕, 야산, 번성하다	阿 언덕 아	院 집 원
隶	미칠 **이** 잡을 **이**	포획하다, 부속, 따라잡다	隷 종 례	隸 미칠 태
隹	새 **추**	높고 크다, 새의 종류	雀 참새 작	集 모을 집
雨	비 **우**	비, 기상 상태, 적시다	雪 눈 설	電 번개 전
靑	푸를 **청**	푸르다, 젊음, 맑다	靖 편안할 정	靜 고요할 정
非	아닐 **비**	배반, 아니다, 비방	靠 기댈 고	靡 쓰러질 미

부 수	명 칭	뜻	활용 한자	
面	낯 면 얼굴 면	표면, 향하다, 만나다, 얼굴	皰 여드름 포	靦 부끄러워할 전
革	가죽 혁	가죽, 가죽 제품, 고치다	靴 신 화	鞍 안장 안
韋	가죽 위 감쌀 위	다룬 가죽, 어기다, 에우다	韓 나라 이름 한	韌 질길 인
韭	부추 구	부추, 향료, 훈신채	韱 산부추 섬	韰 과감할 해
音	소리 음	소리, 소식, 음악, 어둡다	韻 운 운	響 울릴 향
頁	머리 혈 머리부위 혈	머리, 우두머리, 얼굴	頂 정수리 정	順 순할 순
風	바람 풍	바람, 풍습, 소식, 경치	颱 태풍 태	飄 나부낄 표

부 수	명 칭	뜻	활용 한자	
飛	날 **비**	날다, 공중, 높다, 빠르다	飜 번역할 번	䲔 새 빙돌며 날 환
食	밥 **식**	밥, 먹다, 음식물	飢 주릴 기	飧 저녁밥 손
首	머리 **수** 우두머리 **수**	머리, 우두머리, 임금, 첫째	頯 광대뼈 규	髻 머리 장식 불
香	향기 **향**	향기, 즐거움, 좋음	馝 향기 필	馨 꽃다울 형
馬	말 **마**	말의 종류, 동물, 낮춤, 힘	馳 달릴 치	駕 멍에 가
骨	뼈 **골**	풍체, 기골, 뼈	骸 뼈 해	體 몸 체
高	높을 **고**	높다, 비싸다, 멀다	髙 원두막 경	髚 높을 교

부 수	명 칭	뜻	활용 한자	
髟	머리 늘어질 표 터럭 발	머리털, 수염, 모양	髮 터럭 발	髥 구레나룻 염
鬥	싸울 투	다툼, 전쟁, 경쟁	鬧 시끄러울 료	鬪 싸움 투
鬯	술 창 울창주 창	기장으로 빚은 술, 활집, 무성함	鬱 답답할 울	鬱 울금 울
鬲	오지병 격 흙솥 력	막다, 잡다, 다리 굽은 솥, 질그릇	鬴 가마솥 부	鬻 죽 죽
鬼	귀신 귀	혼백, 귀신, 지혜, 악신	魂 넋 혼	魔 마귀 마
魚	고기 어 물고기 어	물고기 종류, 물고기, 어부	鮑 절인 물고기 포	鮮 고울 선
鳥	새 조	꼬리 긴 새, 날다, 공중	鳴 울 명	鳧 오리 부

부 수	명 칭	뜻	활용 한자	
鹵	염전 소금 밭 **로** **로**	소금, 짜다, 황무지	鹹 짤 함	鹽 소금 염
鹿	사슴 **록**	사슴, 권위, 순함	麗 고울 려	麒 기린 기
麥	보리 **맥**	보리, 밀, 식량	麵 밀가루 면	麴 누룩 국
麻	삼 **마**	삼베, 옷, 마약	麿 잘 마	麾 기 휘
黃	누를 **황**	황색, 귀함, 노인, 황제	黆 누른 빛 강	黈 누른 빛 주
黍	기장 **서**	곡식, 기장 쌀, 술	黎 검을 려	黏 차질 점
黑	검을 **흑**	검다, 나쁜 마음, 어둡다	黔 검을 검	默 잠잠할 묵

부 수	명 칭		뜻	활용 한자	
黹	바느질 수놓을	치 치	바느질 하다, 수놓다	黻 수 불	黼 수 보
黽	맹꽁이 힘쓸	맹 민	양서류, 노력	黿 자라 원	鼃 개구리 와
鼎	솥	정	솥, 그릇, 존귀하다	鼐 가마솥 내	鼏 소댕 멱
鼓	북	고	북, 부추기다, 타악기	鼖 떠들석할 부	鼖 큰북 분
鼠	쥐	서	쥐, 해치다, 소인	鼩 생쥐 구	鼬 족제비 유
鼻	코	비	코, 얼굴, 시초, 손잡이	衄 코피 뉵	鼽 코막힐 구
齊	가지런할	제	모두, 상복, 동등, 조심	齋 재계할 재	齋 노할 제

부 수	명 칭	뜻	활용 한자	
齒	이 ㉔	연령, 치아	齕 깨물 흘	齡 나이 령
龍	용 ㉣	용, 군주, 뛰어난 인물, 신성함	龐 클 방	龔 공손할 공
龜	거북 ㉠/㉢ 터질 ㉱	거북, 신령한 동물, 점치다	鼅 거북점안보일초	鼊 털치장 초
龠	피리 ㉫	피리, 용량 단위, 풍류	龡 불 취	龥 부를 유

부수	명칭	부수	명칭
一		亠	
丨		人(亻)	
丶		儿	
丿		入	
乙(乚)		八	
亅		冂	
二		宀	

부수	명칭	부수	명칭
冫		匚	
几		匸	
凵		十	
刀(刂)		卜	
力		卩(㔾)	
勹		厂	
匕		厶	

부수	명칭	부수	명칭
又		夕	
口		大	
口		女	
土		子	
士		宀	
夂		寸	
夂		小	

부수	명칭	부수	명칭
尢		巾	
尸		干	
屮		幺	
山		广	
川(巛)		廴	
工		廾	
己		弋	

부수	명칭	부수	명칭
弓		手(扌)	
彐(彑)		支	
彡		攴(攵)	
彳		文	
心(忄·小)		斗	
戈		斤	
戶		方	

부수	명칭	부수	명칭
无(旡)		歹(歺)	
日		殳	
曰		毋	
月		比	
木		毛	
欠		氏	
止		气	

부수	명칭	부수	명칭
水(氵氺)		牙	
火(灬)		牛	
爪(爫)		犬(犭)	
父		玄	
爻		玉(王)	
爿		瓜	
片		瓦	

완전분석 부수	명칭	부수	명칭
甘		白	
生		皮	
用		皿	
田		目	
疋		矛	
疒		矢	
癶		石	

부수	명칭	부수	명칭
示(礻)		糸(糹)	
內		缶	
禾		网(罒)	
穴		羊(羋)	
立		羽	
竹		老(耂)	
米		而	

완전분석 부수	명칭	부수	명칭
耒		白	
耳		舌	
聿		舛	
肉 (月)		舟	
臣		艮	
自		色	
至		艸 (艹)	

부수	명칭	부수	명칭
虍		角	
虫		言	
血		谷	
行		豆	
衣 (衤)		豕	
襾 (西)		豸	
見		貝	

부수	명칭	부수	명칭
赤		辵 (辶·辶)	
走		邑 (阝)	
足		酉	
身		采	
車		里	
辛		金	
辰		長	

부 수	명 칭	부 수	명 칭
門		面	
阜(阝)		革	
隶		韋	
隹		韭	
雨		音	
靑		頁	
非		風	

부수	명칭	부수	명칭
飛		髟	
食		鬥	
首		鬯	
香		鬲	
馬		鬼	
骨		魚	
高		鳥	

부 수	명 칭	부 수	명 칭
鹵		黹	
鹿		黽	
麥		鼎	
麻		鼓	
黃		鼠	
黍		鼻	
黑		齊	

부 수	명 칭	부 수	명 칭
齒		龜	
龍		龠	

명칭	부수	명칭	부수
한 일		돼지해머리 두 높을 두	
뚫을 곤		사람 인	
불똥 주 점 주		걷는 사람 인 어진 사람 인	
삐침 별		들 입	
새 을 굽을 을		여덟 팔 나눌 팔	
갈고리 궐		멀 경 들 경	
두 이		덮을 멱	

명 칭	부 수	명 칭	부 수
얼음 빙		상자 방	
안석(案席) 궤 / 책상 궤		감출 혜	
입벌릴 감 / 위터진입 구		열 십	
칼 도		점 복 / 점칠 복	
힘 력		병부 절 / 신표 절	
쌀 포 / 감쌀 포		언덕 엄 / 절벽 한	
비수 비		사사로울 사	

명 칭	부 수	명 칭	부 수
또 우		저녁 석	
입 구		큰 대	
에울 위		계집 녀	
흙 토		아들 자	
선비 사		집 면	
뒤져올 치		마디 촌	
천천히걸을 쇠		작을 소	

명 칭	부 수	명 칭	부 수
절름발이 **왕**		수건 **건**	
주검 **시** 시동 **시**		방패 **간**	
싹날 **철** 왼손 **좌**		작을 **요**	
메 **산**		집 **엄** 곳집 **엄**	
내 **천**		길게걸을 **인**	
장인 **공**		두손 **공** 들 **공**	
몸 **기** 중심 **기**		주살 **익**	

명 칭	부 수	명 칭	부 수
활 **궁**		손 **수**	
돼지머리 **계**		가지 **지** 지탱할 **지**	
터럭 **삼** 무늬 **삼**		칠 **복** 다스릴 **복**	
걸을 **척**		글월 **문** 무늬 **문**	
마음 **심**		말 **두** 구기 **두**	
창 **과**		도끼 **근** 날 **근**	
외짝문 **호** 집 **호**		모 **방** 이방인 **방**	

명칭	부수	명칭	부수
없을 무 이미 기		뼈 앙상할 알 대 태	
날 일 해 일		몽둥이 수 수 수	
말할 왈 가로 왈		말 무	
달 월		견줄 비 나란할 비	
나무 목		털 모 터럭 모	
하품 흠		성씨 씨 각시 씨	
그칠 지 발 지		기운 기	

명칭	부수	명칭	부수
물 수		어금니 아	
불 화		소 우	
손톱 조		개 견	
아버지 부		검을 현 가물거릴 현	
점괘 효 사귈 효 얽을 효		구슬 옥	
조각 장 널 장		외 과 오이 과	
조각 편		기와 와	

명 칭	부 수	명 칭	부 수
달 감		흰 백	
날 생		가죽 피 겉 피	
쓸 용		그릇 명	
밭 전		눈 목	
발 소 필 필 짝 필		창 모 긴창 모	
병질 녁		화살 시	
걸음 발 등질 발 필 발		돌 석	

명 칭	부 수	명 칭	부 수
보일 **시** 제단 **시**		실 **사** 실 **멱**	
짐승 발자국 **유** 긴 자루 **구**		장군 **부** 액체그릇 **부**	
벼 **화**		그물 **망**	
구멍 **혈** 굴 **혈**		양 **양**	
설 **립**		깃 **우**	
대 **죽**		늙을 **로**	
쌀 **미**		말 이을 **이** 수염 **이**	

명 칭	부 수	명 칭	부 수
쟁기 **뢰**		절구 **구**	
귀 **이**		혀 **설**	
붓 **율** 세울 **율**		어그러질 **천**	
고기 **육**		배 **주**	
신하 **신** 노예 눈 **신**		그칠 **간** 괘이름 **간**	
스스로 **자** 코모양 **자**		빛 **색**	
이를 **지**		풀 **초**	

명 칭	부 수	명 칭	부 수
범 호		뿔 각	
벌레 충 벌레 훼		말씀 언	
피 혈		골 곡	
다닐 행 항렬 항		제기 두 콩 두	
옷 의		돼지 시	
덮을 아		해태 태 맹수 치 벌레 치	
볼 견 뵈올 현		조개 패	

명 칭	부 수	명 칭	부 수
붉을 **적**		쉬엄쉬엄갈 **착** 갈 **착**	
달릴 **주**		고을 **읍**	
발 **족**		닭 **유** 술그릇 **유**	
몸 **신**		분별할 **변**	
수레 **거** 수레 **차**		마을 **리**	
매울 **신**		쇠 **금** 성 **김**	
별 **진** 조개껍질 **신**		긴 **장** 어른 **장**	

명 칭	부 수	명 칭	부 수 쓰기
문 **문**		낮 **면** 얼굴 **면**	
언덕 **부**		가죽 **혁**	
미칠 **이** 잡을 **이**		가죽 **위** 감쌀 **위**	
새 **추**		부추 **구**	
비 **우**		소리 **음**	
푸를 **청**		머리 **혈** 머리부위 **혈**	
아닐 **비**		바람 **풍**	

명 칭	부 수	명 칭	부 수
날 비		머리늘어질 표 터럭 발	
밥 식		싸울 투	
머리 수 우두머리 수		술 창 울창주 창	
향기 향		오지병 격 흙솥 력	
말 마		귀신 귀	
뼈 골		고기 어 물고기 어	
높을 고		새 조	

명 칭	부 수	명 칭	부 수
염전 로 소금밭 로		바느질 치 수놓을 치	
사슴 록		맹꽁이 맹 힘쓸 민	
보리 맥		솥 정	
삼 마		북 고	
누를 황		쥐 서	
기장 서		코 비	
검을 흑		가지런할 제	

명 칭	부 수	명 칭	부 수
이 **치**		거북 **귀/구** 터질 **균**	
용 **룡**		피리 **약**	

부록

- 한자(漢字)의 3요소

- 육서(六書)

- 육서의 원리

- 서체 변천

- 한자어의 짜임

- 한자의 필순

- 부수의 위치와 명칭

- 기본 부수와 변형된 부수

- 부수를 알기 어려운 한자

- 한자 더 알기 – 우리나라 주요 도시 명칭

- 참고 문헌

❖ 한자(漢字)의 3요소

한자는 뜻 글자로 사물(事物)이나 개념(概念)을 하나의 글자로 나타낸다.
따라서, 각각의 한자는 모양(形), 소리(音), 뜻(義)을 가지고 있다.

字 形	字 音	字 義
天	천	하늘
地	지	땅
人	인	사람

❖ 육서(六書)

한자(漢字)를 만들고 활용(活用)하는 원리를 말한다.

1. 상형(象形) : 사물의 모양을 본떠서 만듦.

예 ☼→⊙→日→ 日(날 일) : 해의 모양을 본뜬 자

산→⋔→山→ 山(메 산) : 산의 모양을 본뜬 자

2. 지사(指事) : 추상적(抽象的)인 생각이나 일의 뜻을 부호나 도형으로 나타내는 방법.

예 ⊥→⊥→上→ 上(윗 상) : 기준선 위에 점을 찍어 위를 나타냄.

┬→┬→下→ 下(아래 하) : 기준선 아래 점을 찍어 아래를 뜻함.

3. 회의(會意) : 두 개 이상의 글자가 모여 새로운 뜻의 글자를 만듦.

예 日(날 일) + 月(달 월) ➡ 明(밝을 명)

• 달빛(月)이 창문 (囧→日)에 비추어 '밝다'라는 뜻이 됨.

木(나무 목) + 木(나무 목) ➡ 林(수풀 림)

• 나무(木)와 나무(木)가 모여서 된 수풀

4. 형성(形聲) : 뜻 부분과 소리 부분이 결합한 글자.

예 水(氵:물 수) + 靑(푸를 청) → 淸(맑을 청)

九(아홉 구) + 鳥(새 조) → 鳩(비둘기 구)

• '구구구'하고 우는 새, 즉 비둘기를 뜻함.

5. 전주(轉注) : 한 글자가 관계 있는 다른 뜻으로 사용되는 한자.

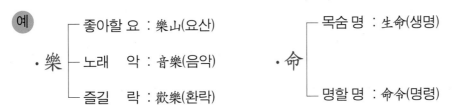

예
- 樂
  - 좋아할 요 : 樂山(요산)
  - 노래 악 : 音樂(음악)
  - 즐길 락 : 歡樂(환락)
- 命
  - 목숨 명 : 生命(생명)
  - 명할 명 : 命令(명령)

6. 가차(假借) : 뜻과 관계없이 소리나 모양을 빌려 쓰는 방법.

예
Paris ➡ 巴利(파리)

$ (dollar) ➡ 弗(불)

❖ 육서의 원리

- 기본 원리
  - 상형
  - 지사
- 결합 원리
  - 회의
  - 형성
- 운용 원리
  - 전주
  - 가차

상형 · 지사 · 회의 · 형성 → 제자원리(製字原理)

❖ 서체 변천

	甲骨文	金文	篆書	隷書	楷書	行書	草書
家							
車							
四							
魚							
蛇							

❖ 한자어(漢字語)의 짜임

1. 주술(主述) 관계 : 주어(主語) + 서술어(敍述語) 관계로 이루어진 짜임.

> 예 日 ‖ 出 : 해가 뜨다.
> 春 ‖ 來 : 봄이 오다.

2. 술목(述目) 관계 : 서술어(敍述語) + 목적어(目的語) 관계로 이루어진 짜임.

> 예 立 丨 志 : 뜻을 세우다.
> 知 丨 新 : 새 것을 알다.

3. 술보(述補) 관계 : 서술어(敍述語) + 보어(補語) 관계로 이루어진 짜임.

> 예 登 / 山 : 산에 오르다.
> 有 / 益 : 이익이 있다.

4. 수식(修飾) 관계 : 앞의 글자가 뒤의 글자를 꾸며 주는 짜임.

> 예 青　山 : 푸른 산　　高　飛 : 높이 날다.

5. 병렬(竝列) 관계 : 같은 성분의 한자끼리 연이어 결합한 한자어의 짜임.

> ㉠ 유사 관계 : 뜻이 같거나 비슷한 글자끼리 결합한 짜임.
>
> 예 土 ＝ 地 : 땅　　巨 ＝ 大 : 큼

> ㉡ 대립 관계 : 뜻이 대립되는 한자끼리 결합한 짜임.
>
> 예 上 ↔ 下 : 위와 아래　　左 ↔ 右 : 왼쪽과 오른쪽

> ㉢ 대등 관계 : 대등한 뜻을 지닌 글자끼리 결합한 짜임.
>
> 예 忠 － 孝 : 충과 효　　草 － 木 : 풀과 나무

> ㉣ 첩어 관계 : 같은 글자를 병렬하여 뜻을 강조한 짜임.
>
> 예 堂堂 : 떳떳함　　白白 : 새하얀

한자의 필순(筆順)

필순은 한자를 짜임새 있고 편리하게 쓰기 위해 합리적인 순서로 정해 놓은 것이다.
필순은 개인이나 국가 또는 서체에 따라 조금씩 달라지는 경우가 있다.
다음은 우리 나라에서 일반적으로 쓰이는 필순의 원칙 몇 가지이다.

1 위에서 아래로 쓴다.

三(ㄧ, ㄧ, 三)

2 왼쪽에서 오른쪽으로 쓴다.

川(ノ, ノノ, 川)

3 가로획을 먼저 쓰고 세로획은 나중에 쓴다.

世(一, 十, 卄, 卄, 世)

4 좌우가 대칭일 때 가운데를 먼저 쓴다.

水(丨, 刁, 水, 水)

5 꿰뚫는 획은 나중에 쓴다.

中(丶, 冂, 口, 中) *세로획을 나중에 긋는 경우

女(く, 女, 女)　　*가로획을 나중에 긋는 경우

6 꿰뚫는 획이 밑이 막히면 먼저 쓴다.

生(ノ, ㅗ, ㅌ, 牛, 生)

7 삐침(ノ)은 파임(乀)보다 먼저 쓴다.

文(丶, 二, 亠, 文)

*刀, 力, 方 등은 삐침을 나중에 쓴다.

8 몸과 안으로 이루어진 글자는 몸을 먼저 쓴다.

同(丨, 冂, 冂, 同, 同, 同)

9 오른쪽 위에 있는 점은 나중에 찍는다.

犬(一, 犬, 大, 犬)

10 받침 중에서 辵(辶)과 廴은 나중에 쓰고 나머지는 먼저 쓴다.

起(一, 十, 土, 丰, 丰, 走, 走, 起, 起, 起)
近(ノ, 厂, 斤, 斤, 斤, 近, 近, 近)

❖ 변(邊) : 글자 왼쪽 부분이 부수가 된다.

亻	사람인변	仁 : 어질 인	件 : 물건 건	他 : 다를 타
彳	두인변(자축거릴 척, 걸을 척)	待 : 기다릴 대	後 : 뒤 후	彼 : 저 피
忄	심방변(마음 심)	忙 : 바쁠 망	性 : 성품 성	悅 : 기쁠 열
示	보일시변	社 : 모일 사	祝 : 빌 축	祀 : 제사 사

 ❖ 방(傍) : 글자 오른쪽 부분이 부수가 된다.

刂	선칼 도(칼 도)	初 : 처음 초	刊 : 새길 간	利 : 이할 리
攵	칠 복	收 : 거둘 수	改 : 고칠 개	效 : 본받을 효
欠	하품 흠	歌 : 노래 가	欲 : 하고자할 욕	欺 : 속일 기
阝	고을 읍	邦 : 나라 방	郡 : 고을 군	郊 : 들 교

 ❖ 머리 · 두(頭 · 冠) : 글자 윗 부분이 부수가 된다.

亠	돼지해머리	亡 : 망할 망	交 : 사귈 교	亦 : 또 역
宀	집 면(갓머리)	安 : 편안 안	守 : 지킬 수	室 : 집 실
罒	그물 망	罪 : 허물 죄	置 : 둘 치	署 : 마을 서
艹	풀 초	花 : 꽃 화	英 : 꽃부리 영	菜 : 나물 채

 ❖ 발 · 다리(脚) : 글자 아랫 부분이 부수가 된다.

儿	어진사람 인	元 : 으뜸 원	兄 : 형 형	光 : 빛 광
八	여덟 팔	六 : 여섯 륙	兵 : 군사 병	共 : 한가지 공
灬	불 화(연화발)	烏 : 까마귀 오	照 : 비칠 조	烈 : 벌릴 렬
皿	그릇 명	益 : 유익할 익	盜 : 도둑 도	盆 : 동이 분

 ❖ 엄(广) : 글자의 위와 앞쪽(왼쪽)이 부수가 된다.

广	집 엄	序 : 차례 서	店 : 가게 점	度 : 법도 도
尸	주검 시	局 : 판 국	屋 : 집 옥	展 : 펼 전
戶	외짝문 호(문 호)	房 : 방 방	扁 : 작을 편	扇 : 부채 선
疒	병들 녁	病 : 병 병	疾 : 병 질	疲 : 피곤할 피

❖ 받침 : 글자의 앞쪽(왼쪽)과 밑이 부수가 된다.

廴	길게걸을 인(민책받침)	延 : 늘일 연	廷 : 조정 정	建 : 세울 건
辶	쉬엄쉬엄갈 착(책받침)	近 : 가까울 근	迎 : 맞을 영	連 : 이을 련
走	달릴 주	赴 : 다다를 부	起 : 일어날 기	超 : 뛰어넘을 초

❖ 몸 : 글자를 둘러싸고 있는 부분이 부수가 된다.

囗	큰입구몸	囚 : 가둘 수	回 : 돌 회	國 : 나라 국
匸	감출 혜	匹 : 짝 필	區 : 지경 구	匿 : 숨길 닉
門	문 문	開 : 열 개	閉 : 닫을 폐	間 : 사이 간
衣	옷 의	衰 : 쇠할 쇠	衷 : 속마음 충	裏 : 속 리
行	다닐 행	衍 : 넓을 연	術 : 재주 술	街 : 거리 가

❖ 안 : 글자 안쪽이 부수가 된다.

問	물을 문(口부)	聞 : 들을 문 (耳부)	哀 : 슬플 애 (口부)	愛 : 사랑 애 (心부)

❖ 제부수 : 한 글자 전체가 부수가 된다.

木	나무 목	金 : 쇠 금	鹿 : 사슴 록	風 : 바람 풍	魚 : 고기 어

기본 부수와 변형된 부수

기본자		변형자	기본자		변형자
人 (사람 인)	➡	亻(仁)	犬 (개 견)	➡	犭(狗)
刀 (칼 도)	➡	刂(別)	玉 (구슬 옥)	➡	王(珠)
川 (내 천)	➡	巛(州)	示 (보일 시)	➡	礻(礼)
心 (마음 심)	➡	忄·㣺(性·慕)	老 (늙을 로)	➡	耂(考)
手 (손 수)	➡	扌(打)	肉 (고기 육)	➡	月(肝)
攴 (칠 복)	➡	攵(改)	艸 (풀 초)	➡	⺿(花)
水 (물 수)	➡	氵·氺(江·泰)	衣 (옷 의)	➡	衤(被)
火 (불 화)	➡	灬(烈)	辵 (쉬엄쉬엄갈 착)	➡	辶(近)
爪 (손톱 조)	➡	⺥(爭)	邑 (고을 읍)	➡	阝(우부방)(郡)
			阜 (언덕 부)	➡	阝(좌부방)(防)

부수를 알기 어려운 한자
(한자급수 1급 3500자 기준)

* 대부분 글자는 뜻을 나타내는 부분이 부수가 된다.

一부	丘(언덕 구) 丙(남녘 병) 조(클 비) 丞(정승 승) 丈(어른 장) 且(또 차) 丑(소 축)
丶부	丹(붉을 단) 主(주인 주) 丸(둥글 환)
丿부	乖(어그러질 괴) 乘(탈 승) 之(갈 지)
乙부	乾(하늘 건) 九(아홉 구) 也(어조사 야)
亅부	事(일 사) 予(나 여)
二부	亘(뻗칠 긍) 些(적을 사) 亞(버금 아) 五(다섯 오) 于(어조사 우) 井(우물 정)
人부	企(꾀할 기) 來(올 래) 以(써 이)
儿부	克(이길 극) 元(으뜸 원) 兆(억조 조) 充(채울 충) 兎(토끼 토)
入부	內(안 내) 兩(두 량) 兪(대답할 유) 全(온전 전)
八부	兼(겸할 겸) 其(그 기) 冀(바랄 기) 六(여섯 륙) 典(법 전)
冂부	冕(면류관 면) 冒(무릅쓸 모) 再(두 재) 冑(투구 주) 冊(책 책)
凵부	出(날 출) 函(함 함)
刀부	前(앞 전) 初(처음 초)
力부	加(더할 가) 勒(굴레 륵) 募(뽑을 모) 務(힘쓸 무) 勝(이길 승)
匕부	北(북녘 북) 化(될 화)
十부	南(남녘 남) 卍(만사 만) 半(반 반) 卑(낮을 비) 升(되 승) 卒(마칠 졸) 千(일천 천) 卓(높을 탁)
卜부	卞(성 변) 卨(사람이름 설) 占(점칠 점)
卩부	卵(알 란) 危(위태할 위)
又부	及(미칠 급) 反(돌아올 반) 叛(배반할 반) 受(받을 수) 叢(모일 총) 取(가질 취)
口부	嘉(아름다울 가) 古(예 고) 哭(울 곡) 喬(높을 교) 吉(길할 길) 囊(주머니 낭) 單(홑 단) 唐(당나라 당) 吏(관리 리) 吝(아낄 린) 命(목숨 명) 問(물을 문) 史(역사 사) 嘗(맛볼 상) 喪(잃을 상) 商(장사 상) 嗇(인색할 색) 召(부를 소) 哀(슬플 애) 哉(어조사 재) 周(두루 주) 喆(쌍길 철) 咸(다 함) 嚮(향할 향)
土부	墓(무덤 묘) 報(갚을 보) 塞(막힐 색) 垂(드리울 수) 塵(티끌 진) 執(잡을 집) 壓(누를 압) 堯(요임금 요)
士부	壽(목숨 수) 壹(한 일) 壬(북방 임) 壯(장할 장)
夕부	夢(꿈 몽) 夙(일찍 숙) 夜(밤 야)
大부	奉(받들 봉) 夫(지아비 부) 失(잃을 실) 夷(오랑캐 이) 奏(아뢸 주) 天(하늘 천) 夭(어릴 요) 奠(정할 전)
女부	姜(성 강) 委(맡길 위) 威(위엄 위) 妥(온당할 타)
子부	季(계절 계) 孵(알깔 부) 孰(누구 숙) 字(글자 자) 孝(효도 효)
寸부	射(쏠 사) 將(장수 장)

尢부	尨(삽살개 방)
尸부	尿(오줌 뇨) 尹(성 윤)
屮부	屯(진칠 둔)
工부	巨(클 거) 巫(무당 무)
巾부	幕(장막 막) 帛(비단 백) 席(자리 석)

干부	幹(줄기 간) 年(해 년) 幸(다행 행)
幺부	幾(몇 기) 幽(그윽할 유)
弓부	弟(아우 제)
弋부	弑(죽일 시) 式(법 식)
彡부	彦(선비 언)

心부	慶(경사 경) 悶(번민할 민) 愛(사랑 애) 憂(근심 우) 恥(부끄러울 치)
戈부	成(이룰 성) 我(나 아)
手부	承(이을 승)
文부	斑(얼룩 반)
日부	暮(저물 모) 晝(낮 주) 暹(해돋을 섬)

曰부	曲(굽을 곡) 更(고칠 경/다시 갱) 書(글 서) 曾(일찍 증) 最(가장 최) 會(모일 회)
木부	棄(버릴 기) 杳(어두울 묘) 業(업 업) 栽(심을 재) 條(가지 조)
欠부	次(버금 차)
止부	歸(돌아갈 귀) 歷(지날 력) 武(호반 무) 歪(기울 왜) 正(바를 정) 此(이 차)
毋부	每(매양 매) 母(어머니 모)

比부	毗(도울 비) 毖(삼갈 비)
氏부	民(백성 민)
水부	求(구할 구) 氷(얼음 빙) 泉(샘 천)
火부	炅(빛날 경) 然(그럴 연) 烏(까마귀 오) 災(재앙 재) 炭(숯 탄)
牛부	牽(이끌 견) 牢(우리 뢰) 犀(무소 서)

犬부	狀(형상 상)
玄부	率(비율 률)
甘부	甚(심할 심)
田부	甲(갑옷 갑) 男(사내 남) 畓(논 답) 申(납 신) 異(다를 이) 甸(경기 전) 畫(그림 화)
疋부	疑(의심할 의)

目부	盾(방패 순) 直(곧을 직) 眞(참 진)
禾부	穀(곡식 곡) 禿(대머리 독)
糸부	繭(고치 견) 累(포갤 루)
老부	耆(늙은이 기)
而부	耐(견딜 내)

耳부	聞(들을 문) 聖(성인 성) 聚(모을 취)
聿부	肅(엄숙할 숙)
肉부	能(능할 능) 肋(갈비 륵) 肖(닮을 초)
臼부	舊(예 구) 與(줄 여) 興(일 흥)
舛부	舜(순임금 순)

艸부	芻(꼴 추)
虫부	蜜(꿀 밀)
行부	衍(넓을 연) 衛(지킬 위)
衣부	袞(곤룡포 곤) 裏(속 리) 裵(치렁치렁 배) 衰(쇠할 쇠) 袁(성 원) 裁(옷마를 재) 衷(속마음 충)

見부	覓(찾을 멱) 視(볼 시)
言부	謄(베낄 등) 誾(향기 은)
豕부	豚(돼지 돈) 象(코끼리 상) 豫(미리 예)
貝부	賴(의뢰할 뢰) 賓(손 빈) 貳(두 이)

赤부	赦(용서할 사)
辰부	辱(욕될 욕)
酉부	酒(술 주)
采부	采(풍채 채)
里부	重(무거울 중) 量(헤아릴 량)

隹부	雇(품팔 고) 集(모을 집) 雁(기러기 안) 雍(화할 옹) 雀(참새 작)
靑부	靖(편안할 정)
非부	靡(쓰러질 미)
頁부	頃(잠깐 경) 須(모름지기 수) 順(순할 순)

馬부	馮(탈 빙)
鳥부	鳴(울 명)
黍부	黎(검을 려)
龍부	龐(높은집 방)

咸鏡北道
(함경북도)　　清津(청진)

咸鏡南道
(함경남도)

平安北道
(평안북도)

新義州(신의주)

咸興(함흥)

平安南道
(평안남도)

元山(원산)

平壤(평양)

黃海道(황해도)　　江原道(강원도)

海州(해주)　　連川(연천)　　東草(속초)

開城(개성)

春川(춘천)　　江陵(강릉)

京畿道(경기도)

서울

鬱陵島(울릉도)　　獨島(독도)

仁川(인천)

水原(수원)

忠淸北道(충청북도)

忠淸南道(충청남도)　　清州(청주)

慶尙北道(경상북도)

大田(대전)

浦項(포항)

全羅北道(전라북도)　　大邱(대구)

慶州(경주)

全州(전주)

蔚山(울산)

慶尙南道(경상남도)

光州(광주)　　釜山(부산)

全羅南道(전라남도)　　晉州(진주)　　昌原(창원)

木浦(목포)　　統營(통영)

麗水(여수)

濟州(제주)

濟州道(제주도)

西歸浦(서귀포)

부록 159

부수박사

참고문헌

『中正 形音義綜合大字典』	黎元譽, 正中書局
『部首를 알면 漢字가 보인다』	김종혁, 학민사, 1996
『부수로 통달하는 한자』	鄭錫元, 김영사, 1998.
『한문 그리고 논술로 가는 길』	황순임 외, 혜건출판사, 1995
『중학교 한문 자습서』	박희병 외, 을유문화사, 1995
『고등학교 한문 해설서』	이희목 외, 천재교육, 1997
『그림으로 배우는 기초 부수』	曺湘烈, 學而堂, 1998
『뉴에이스 국어 사전』	금성출판사
『大漢韓辭典』	張三植, 敎育書館
『東方文字 뿌리』	陳泰夏, 이화문화출판사, 1996
『正統漢字』	李瑄雨, 晥成, 1993
『동아 새 漢韓辭典』	양성모, 두산동아, 1990
『한자다』	강태립, 다넷미디어, 2017
『부수고』	강태립, 아트미디어, 2018

완전분석 부수박사

펴 낸 곳 어시스트하모니(주)
펴 낸 이 이정균
등록번호 제2019-000078호
주   소 서울시 영등포구 선유로 170 동양빌딩 301호
구입문의 02)2088-4242
팩   스 02)6442-8714
홈페이지 www.assistharmony.com
I S B N 979-11-969104-0-2   63710

- 4500여 한자(漢字)를 같은 모양끼리 모아, 이해하기 쉽고 지도하기 쉽게 엮은 한 권의 책

- 2000여 한자(漢字)를 공무원 시험이나 각종 고시에 출제되는 한자를 포함하여 같은 모양끼리 모아 이해하기 쉽게 엮은 책

국가공인
한자능력검정시험
완벽 대비 수험서!

모양별 분류
짧은 시간 내에 많은 한자를 학습할 수 있습니다.

한자의 유래 및 고문 그림
한자의 생성 원리와 시각적 이미지를 통해 확실하게 한자를 머릿속에 기억할 수 있습니다.

쓰기노트
한자를 직접 쓰면서 익힐 수 있습니다.

 한자능력검정시험 대비 한자 급수박사 시리즈